Hans-Peter Kolb

Der Glaube an die Liebe

Philosophischer Glaube zwischen Religion und Nihilismus

Hans-Peter Kolb

Der Glaube an
die Liebe

Philosophischer Glaube zwischen
Religion und Nihilismus

4

Bibliografische Information der Deutschen Nationalbibliothek:
Die Deutsche Nationalbibliothek verzeichnet diese Publikation in
der Deutschen Nationalbibliografie; detaillierte bibliografische
Daten sind im Internet über dnb.dnb.de abrufbar.

© 2020 Hans-Peter Kolb
Herstellung und Verlag:
BoD – Books on Demand, Norderstedt

ISBN: 9 783751 968799

Für Heidi, Michaela und Daniel

„Liebe ist nicht blind und macht nicht blind; das Gegenteil ist eher wahr; aber Liebe verschreibt [sich] der Dunkelheit des Herzens, das auch ihr sich nur augenblicksweise erhellt und erleuchtet." (Arendt, Denktagebuch, 2016, S. 126)

„Das eigentlich politische Prinzip der christlichen Liebe liegt im Verzeihen [...], dafür bedarf es stets eines Andern. [...] In diesem Sinne hat das Christentum wirklich mit der Pluralität der Menschen ernst gemacht." (ebd., S. 376)

„Ich weiß nicht, ob ich glaube. Aber solcher Glaube ergreift mich, dass ich wage, daraufhin zu leben." (Jaspers, Der philosophische Glaube, 1948, 1974, S. 34)

Absolute Vernunft vernimmt alles vollkommen. „Sie lässt kein Seiendes sich absolut trennen, nicht in Bedeutungslosigkeit versinken, nicht in der Zerstreutheit nichtig werden. [...] Sie drängt auf das Eine, das alles ist, und sie hebt die Täuschungen auf, die dies Eine vorzeitig, unvollständig, parteiisch fixieren." (ebd., S. 39)

6

Inhaltsverzeichnis

Vorwort 9

1. Was heißt hier Vernunft? 13

2. Annahmen über den Sinn unseres Daseins 21

3. Religion und Vernunft 27

4. Bedingter und unbedingter Glaube 31

5. Philosophischer Glaube 37

6. Entwicklungen in Wissenschaft und Kultur 41

7. Die geistige Entwicklung von Kindern 47

8. Liebe in Natur und Evolution 53

9. Kant und seine drei Kritiken 57

10. Böses und Gutes 75

11. Erklären, verstehen, erhellen 81

12. Der Fortgang des Lebens 85

Verwendete Literatur 89

Vorwort

Zwischen Offenbarung und Nihilismus, zwischen religiösem Glauben und dem Glauben an gar nichts gibt es einen Glauben an etwas, was einem vernünftig vorkommt. Es gibt zumindest einleuchtende Argumente dafür, die jeder Mensch nachvollziehen kann, ob er ihnen folgen will oder nicht. Karl Jaspers nennt dies philosophischen Glauben in einem gleichnamigen Buch. Mir scheint es z.B. einleuchtend, dass unser menschliches Leben in dieser Welt einen Sinn hat, und am plausibelsten ist für mich dann, dass wir unsere Liebesfähigkeit immer weiterentwickeln sollten, um einen vernünftigen Sinn hier zu erfüllen. Dies ist mein Glaube an die Liebe.

Als immer mehr wertschätzende Haltung, verbindliche, offene und ehrliche Einstellung und versöhnliche Stimmung würde Liebe in ihrer Vollkommenheit alle zwischenmenschlichen Probleme lösen und damit alles Menschliche umgreifen. Dies habe ich in verschiedenen Büchern, die in der Literaturliste aufgeführt sind, immer wieder rational begründet.

In diesem Buch will ich mit meinem Alter-Ego, den ich **K** getauft habe (ich bin dabei **H-P**), darüber diskutieren, warum es vielleicht wichtig ist, (1) daran zu glauben, dass wir Menschen durch etwas uns und unsere Welt Umgreifendes gehalten sind, eine sinnvolle Aufgabe in dieser Welt zu erfüllen, (2) wie vernünftig überhaupt der Glaube an etwas Umgreifendes ist, das in unserer Welt nicht greifbar ist, und (3) wie plausibel es ist, dass dieses Umgreifende, wenn wir daran glauben, die vollkommene Liebe ist, die teilweise in der Welt ist, aber nicht vollkommen. In diesem Zusammenhang will ich mit **K** auch betrachten, wie sich Wissenschaft und Kultur entwickeln, ob und welche Unterschiede es zur biologischen Evolution gibt, und wie sich die geistige Entwicklung eines Kindes gestaltet, bei der sich Biologie und Kultur kreuzen bzw. wechselseitig beeinflussen.

Da alles Wissen aller Menschen zusammengenommen immer beschränkt ist und trotz allem Zuwachs an Wissen beschränkt bleiben wird, manche jedoch, so wie ich selbst, über derartige Grenzen hinausgehen wollen (das ist die ursprüngliche Bedeutung von Transzendenz), ergänzen sie Wissen durch Annahmen. Es geht dabei nicht nur um Tatsachen, was wir sehen, hören, tasten, riechen oder schmecken können, sondern auch um Zusammenhänge, die wir erkennen, verstehen, erfassen, vermuten und beurteilen wollen. Dabei gibt es Annahmen, die wir mit einem gewissen Misstrauen vielleicht für wahrscheinlich halten und von denen wir hoffen, sie irgendwann einmal widerlegen zu können, wenn sie unwahr sind, und die wir bis dahin als wahr annehmen, und welche, die prinzipiell weder beweisbar noch widerlegbar sind. Ersteres ist das Feld der Wissenschaft, letzteres ist Glaubenssache, und hier kann es sinnvoll sein, sich mit anderen über die Sinnhaftigkeit derartiger Annahmen auszutauschen, vor allem wenn sie das Zusammenleben mit ihnen betreffen.

K: Da muss ich mich jetzt aber einmischen: Wieso willst du dich mit deinem „Glauben" zwischen Religion und Wissenschaft stellen? Was gibt es da für wichtige Fragestellungen?

H-P: Da ist beispielsweise die Frage, ob wir Menschen einen freien Willen haben.

K: Wieso ist das wichtig? Wenn ich etwas will, dann mache ich es eben, sobald die Gelegenheit da ist.

H-P: So einfach ist das leider nicht, denn du kannst dir nicht sicher sein, ob das, was du willst, wirklich dein eigener Wille ist. Es gibt so viele Einflüsse, unter denen du stehst, Werbung, die Meinung anderer, ein Geltungsbewusstsein, das du nicht wahrhaben willst, usw. Kant jedenfalls kommt nach reiflicher Überlegung zu dem Ergebnis, dass Freiheit weder beweisbar noch widerlegbar ist. Sie ist nur möglich, wenn möglichst viele sich verantwortungsvoll verhalten, und verantwortungsvolles Verhalten ist nur sinnvoll, wenn es Freiheit gibt. Er hat das zwar etwas anders ausgedrückt, aber so finde ich es für heutige Menschen verständlicher.

K: Gut, aber wieso ist die Annahme oder der „Glaube", dass Freiheit möglich ist, so wichtig?

H-P: Weil Menschen immer egoistischer werden und die betreffende Gemeinschaft immer mehr zersetzt wird und zerfällt, wenn die meisten nicht an diese Möglichkeit glauben. Sie verhalten sich dann immer verantwortungsloser und bestätigen damit die Unmöglichkeit von Freiheit, ein Teufelskreis und eine sich selbst erfüllende Prophezeiung.

1. Was heißt hier Vernunft?

K: Das hat mich jetzt überzeugt. Der Glaube an Freiheit als Möglichkeit ist wohl wichtig für jede menschliche Gemeinschaft und in diesem Sinne vernünftig. Allerdings, jetzt, nachdem ich das so formuliert habe, kommen mir Zweifel, ob das für alle Gemeinschaften gilt, denn Freiheit ist doch nur wichtig, wenn Individualität wichtig ist. Wenn es im „Dritten Reich" hieß, „Du bist nichts, dein Volk ist alles", dann hätte doch sofort eine Revolution ausbrechen müssen, oder die meisten wären egoistisch und verantwortungslos geworden.

H-P: Waren sie ja auch bis zu einem gewissen Grad, und alle anderen mussten fliehen, wenn sie nicht ihr Leben riskieren wollten, wurden ermordet oder ins KZ gesteckt. Insofern ist das „Dritte Reich" kein Gegenbeispiel, sondern unterstützt die universale Vernünftigkeit des Glaubens an die Freiheit.

K: Es gab aber doch früher Gesellschaften, in denen der einzelne praktisch nichts galt und die Gemeinschaft das Allerwichtigste war, dem sich alle unterordneten. Auch heute gibt es noch Stammesgemeinschaften, in denen es so ist.

H-P: Solange die Unterordnung freiwillig geschieht und gemeinsame Übereinkunft ist, ist das auch vernünftig.

K: Jetzt musst du mir aber mal erklären, was hier eigentlich Vernunft bedeutet.

H-P: Vernunft kommt von vernehmen, d.h. ich höre auf etwas, frage und höre zu und richte mich nach dem, was ich gehört habe. Die Polizei vernimmt ja auch alle in einem Kriminalfall Beteiligten und richtet sich nach deren Aussagen. Und weil sich immer wieder etwas ändern kann, kann immer wieder etwas anderes vernünftig sein. Das kann eine regelrechte Detektivarbeit sein. In früheren Zeiten und in manchen heutigen Gemeinschaften kann es vernünftig sein, dass der einzelne weniger gilt als die Gemeinschaft, und dass es für die Mitglieder dieser Gemeinschaften besser ist, freiwillig auf Rechte zu verzichten, die wir für uns für unverzichtbar halten.

K: Es kommt also auf bestimmte äußere Lebensumstände an?

H-P: Und auf die Fähigkeiten und Fertigkeiten, die von den betreffenden Menschen genutzt werden können. Wenn sie in einer wasserarmen Gegend leben, müssen sie sich beim Waschen einschränken, wenn sie dann aber Wasserleitungen bauen können und Wasser von woanders herkriegen, können sie baden, so viel sie wollen.

K: Ich habe trotzdem noch nicht ganz verstanden, unter welchen Umständen individuelle Freiheit so wichtig werden kann, und vor allem: wozu können und sollen wir Freiheit nutzen? Besteht nicht sogar die Gefahr, dass wir bei zu viel Freiheit egoistisch werden und unsere Gemeinschaft Schaden nimmt?

H-P: Bei zu viel Freiheit ja, weil es uns dann immer schwerer fällt, sie vernünftig und verantwortungsvoll zu benutzen. Verantwortungsvoll ist übrigens praktisch dasselbe wie vernünftig: wenn ich etwas vernehme und mich danach richte, gebe ich indirekt eine Antwort auf das, was ich vernehme.

K: Und wie sollen wir Freiheit verantwortungsvoll, vernünftig und sinnvoll nutzen?

H-P: Ah, du hast also verstanden, dass auch sinnvoll genauso wie vernünftig und verantwortungsvoll praktisch dasselbe ist in diesem Zusammenhang.

K: Lenk nicht von meiner Frage ab!

H-P: Entschuldige, ich wollte nur deine Intelligenz anerkennen. Aber zu deiner Frage: Da man sich in Freiheit am besten entwickeln kann, sowie viel aufnehmen und lernen kann, sollte man sie dazu nutzen. Bis zu einem gewissen Grad kann man sich in Gemeinschaften gut entwickeln, darüber hinaus braucht man aber auch Zeit für sich allein. Spätestens dann wird individuelle Freiheit wichtig, und die Entwicklung von Einzelnen kommt der Gemeinschaft in der Regel ebenfalls zugute.

K: Und wohin soll ich mich am besten entwickeln bzw. welche Fähigkeiten sollte ich lernen?

H-P: Wenn ich die geistige Entwicklung – das ist ja typisch menschlich – eines Kindes betrachte, wie sie beispielsweise bei Fonagy und anderen beschrieben und dargestellt wird, dann erkennt ein Kind sich selbst und andere zuerst als physische Akteure, dann als soziale, als teleologische, d.h. geschickt Verhaltensketten aufbauende, als intentionale bzw. absichtsvolle und als nach persönlichem Geschmack handelnde Akteure, die man an ihrem Handeln und ihren Entscheidungen als eigenständige Persönlichkeiten erkennen kann. Letztere nennt Fonagy auch repräsentationale Akteure. Sie repräsentieren sich selbst bzw. das, was charakteristisch für sie ist.

K: Gut, aber da kann ich noch keine Richtung, keinen Sinn erkennen, der mich vernünftig leitet und zu einem verantwortungsvollen Nutzen meiner Freiheit führt.

H-P: Es geht noch weiter, nämlich nicht nur ums Erkennen, sondern auch um das Verstehen, Erfassen, Vermuten und Beurteilen von einem selbst und anderen, was ein Kind schon anfängt in den ersten vier bis sechs Lebensjahren zu lernen: es versteht auf der Ebene des physischen Selbst immer mehr grundlegende Zusammenhänge wie z.B. „Von nichts kommt nichts" und entwickelt so den Verstand, auf der Ebene des sozialen Selbst Regeln der Form „Wenn-Dann" und damit die Grundlage wissenschaftlichen Denkens, es versteht als teleologischer Akteur, wie es sich immer geschickter und kunstfertiger verhalten kann, auf der Ebene des intentionalen Selbst, immer klüger und effektiver seine Ziele zu erreichen, und auf der Ebene des repräsentationalen Selbst, wie es immer weiser und verantwortungsvoller für sich selbst diese Ziele auswählen kann.

K: Das sind ja die fünf dianoetischen Tugenden, die Verstandestugenden von Aristoteles, Verstand, Wissenschaft, Kunstfertigkeit, Klugheit und Weisheit. Und welche Probleme kann es dabei immer besser begreifen und erfassen?

H-P: Du gibst mir immer tolle Vorlagen, danke.

K: Bitte, da nicht für.

H-P: Auf der ersten, der physischen Ebene erfasst es die Spannung, die zwischen aktiv und passiv besteht, auf der zweiten die zwischen objektiv und subjektiv, auf der dritten die zwischen kontinuierlich und diskontinuierlich, ob Verhaltensketten abbrechen oder nicht, auf der vierten die zwischen linear und zirkulär, wenn es sein Ziel geradlinig erreicht oder wieder von vorne anfangen muss, und schließlich auf der fünften Ebene die Spannung zwischen Räumlichkeit und Zeitlichkeit, dass an verschiedenen Orten unterschiedliche Zeitregeln und zu verschiedenen Zeiten unterschiedliche räumliche Regeln gelten können. Im Kindergarten mag es beispielsweise andere Essenszeiten geben als zu Hause. An dem einen Ort repräsentiert die Zeit etwas anderes als an einem anderen Ort.

K: Das sind ja dieselben Gegensätze wie bei Nishida, einem der Gründer der Kyoto-Schule in Japan. Für ihn dient die Überwindung dieser Gegensätzlichkeiten zur Lösung des Identitätsproblems, wie jemand er selbst bleiben kann, obwohl er sich doch stets ändert. Jetzt fehlen nur noch das Vermuten und das Beurteilen.

H-P: Als Hilfe, um etwas immer besser zu vermuten und zu beurteilen, lernt das Kind auf diesen verschiedenen Ebenen, die zwar nacheinander auftauchen, weil sie aufeinander aufbauen, auf denen jeder Mensch sich aber bis zu seinem Lebensende parallel immer weiterentwickeln kann, bestimmte moralische Prinzipien. Einerseits sind diese Prinzipien von den meisten anerkannt, sodass es vermuten kann, was andere wahrscheinlich tun werden, andererseits kann es andere anhand dieser Prinzipien beurteilen, inwieweit sie sich tatsächlich danach richten. Diese Prinzipien sind auf der physischen Ebene das Prinzip der Leidminderung, auf der nächsten Ebene das Prinzip der Fairness, dann das der vernünftigen Rangordnung, sodass mehr auf die gehört wird, die mehr Erfahrung oder mehr Fähigkeiten und Fertigkeiten besitzen, auf der vierten Ebene das Prinzip der Loyalität und Treue, z.B. Versprechen halten, und schließlich das Prinzip der Reinhaltung von Beziehungen.

K: Das ist ja ein Mordsprogramm, und wahrscheinlich sollte man im Idealfall alle diese Prinzipien gleichermaßen und womöglich auch gleichzeitig berücksichtigen. Da gibt es bestimmt Konflikte.

H-P: Ja, z.B. zwischen dem Prinzip der Leidminderung und dem der Fairness: Wenn etwa ein jüngeres Geschwister sein älteres auf unfaire Weise provoziert und ärgert, bis dieses das jüngere schlägt, dann würde man allein von der Leidminderung her das ältere Kind tadeln und ihm sagen, es solle sein jüngeres Geschwister nicht so ernst nehmen. Dagegen würde das ältere Geschwister einwenden, sein jüngeres sollte lernen, sich fair zu verhalten. Um diesen Konflikt, der Stress macht und damit auch Leid, dauerhaft zu beenden, könnten Eltern auf die Idee kommen, beide Geschwister voneinander zu trennen. Dann sind aber vielleicht beide traurig, weil sie sich nicht nur streiten, sondern auch lieben, und sie lernen beide nicht, derartige Konflikte zu lösen, sodass sie in späteren Situationen, die garantiert auf sie zukommen werden, darunter leiden.

K: Ich sehe, das Ganze ist sehr kompliziert, und wir haben bis jetzt nur die ersten beiden Prinzipien miteinbezogen.

H-P: In meinem Buch „Religion, Ökumene und Liebe" habe ich die Entwicklung verschiedener Religionsgemeinschaften betrachtet und festgestellt, dass nacheinander jedes dieser Prinzipien im Vordergrund stand, dann überbetont wurde, bis man schließlich das vorangegangene Prinzip immer mehr missachtete. Zum Schluss entstand in manchen Bereichen der entsprechenden Gesellschaften ein Vakuum an Werten, sodass sich Ideologien und totalitäre Regime wie unter Hitler, Stalin und Mao Tse Dung bilden konnten.

K: Ich möchte noch einmal auf das letzte Prinzip zurückkommen, das der Reinhaltung von Beziehungen. Wie kann so etwas konkret aussehen?

H-P: Bei zwischenmenschlichen Beziehungen gibt es, wie Hannah Arendt in ihrem Buch „Vita activa" anführt, zwei grundlegende Probleme, die es immer wieder zu lösen oder einzudämmen gilt, und das ist zum einen das Problem, dass wir bei allen zwischenmenschlichen Initiativen und Handlungen nicht wissen können, was am Ende dabei herauskommt, und zum anderen, dass wir auch nichts wieder zurücknehmen können. Bei dem ersten Problem der Unwägbarkeit hilft Verbindlichkeit und Zuverlässigkeit, Offenheit und Ehrlichkeit, insbesondere Versprechen zu geben und zu halten, beim zweiten, sich persönlich nichts übelzunehmen. Das alles geht nur mit Kommunikation, insbesondere mit sprachlich-verbalen Handlungen. Schweigen kann leicht in Gewalt umschlagen.

K: Hannah Arendt schreibt ja auch, dass zwischenmenschliche Handlungen möglichst nicht gewalttätig stumm sein sollten. Eine offene und ehrliche Kommunikation, echter Austausch und positiver Einfluss aufeinander kann nur da entstehen, „wo Worte nicht missbraucht werden, um Absichten zu verschleiern, sondern gesprochen sind, um Wirklichkeiten zu enthüllen, und wo Taten nicht missbraucht werden, um zu vergewaltigen und zu zerstören, sondern um neue Bezüge zu etablieren und zu festigen, und damit neue Realitäten zu schaffen."

H-P: Das war original Hannah Arendt, „Vita activa", Seite 252. Diese Art des Austauschs und der Kommunikation führt dazu, dass jeder immer mehr seine Liebesfähigkeit entwickelt.

K: In „Natur und Liebe" hast du ja gegen Ende gezeigt, dass die Fähigkeit zu lieben, wie du sie in „Dasein, um zu lieben" definiert hast als eine Fähigkeit, die in ihrer utopischen Vollkommenheit das echte und unmittelbare Verstehen dessen ist, wozu und worum willen wir da sind, dass also diese Fähigkeit gleichbedeutend mit der Fähigkeit ist, immer mehr Verbindlichkeiten offen und ehrlich einzugehen und immer weniger jemandem etwas persönlich übelzunehmen.

H-P: Und damit weist die Entwicklung der Kindheit schon darauf hin, dass es vernünftig ist zu glauben, dass der Sinn unseres Lebens, unseres Daseins in dieser Welt, die Entwicklung unserer Liebesfähigkeit ist, und diese Aufgabe umgreift unser ganzes Leben.

K: Solange wir also jegliche Freiheit dazu nutzen, diese Liebesfähigkeit immer weiterzuentwickeln, ist dies deiner Meinung nach vernünftig, und jegliche Freiheit, die wir nicht dazu verwenden, ist zu viel und kann negative Folgen haben.

H-P: Ich finde, wir sollten von dem Thema der Freiheit etwas abrücken und tiefer gehen. Es sieht ja ganz danach aus, wenn ich deine letzte Bemerkung nehme, dass es bei Freiheit ein Zuviel geben kann, und dann muss es eine Regelung bzw. eine gewisse

Ordnung geben, damit keine Probleme für alle Beteiligte entstehen. Bei zu viel Freiheit entstehen Probleme, wie z.B. der Egoismus von einzelnen, was die Gemeinschaft zersetzt und die Freiheit wieder einschränkt oder beides, Gemeinschaft und Freiheit zerstört.

K: Das kennt man aus der Biologie. Wachstumsprozesse erfordern ab einem gewissen Stadium mehr Ordnung, sodass weiteres Wachstum möglich wird, sonst zerstört sich ein derartiger Prozess selbst wie ein Krebsgeschwür.

H-P: In „Natur und Liebe" habe ich dies Entfaltung und Harmonie genannt, und beides bedingt sich wechselseitig. Es sieht so aus, als strebe die Natur einen Zustand mit maximaler Entfaltung und maximaler Harmonie an, den sie jedoch ständig verfehlt. Durch Entfaltung entstehen Probleme, die scheinbar nur deswegen gelöst werden, damit durch weitere Entfaltung neue Probleme erzeugt werden können.

K: Das ist aber eine sehr pessimistische Sicht. Probleme werden gelöst durch etwas, was neue Probleme schafft. Dasselbe sagt man heute auch von Computern und Smartphones.

H-P: Du kannst es auch positiv sehen: es entsteht immer mehr Harmonie, und bei uns Menschen nennt man das Liebe. Bei meiner von dir eingebrachten Definition von Liebe entsteht auch immer mehr Harmonie, da die zwischenmenschlichen Beziehungen immer harmonischer werden. Du hast die Wahl, diese Entwicklung in der Natur und bei uns Menschen als Belastung oder als Herausforderung zu empfinden. Im zweiten Fall glaubst du daran, dass unser Leben und Dasein in dieser Welt einen Sinn hat und es unsere Aufgabe ist, diesen Sinn zu erfüllen, indem wir bewusst daran arbeiten, immer wieder Harmonie herzustellen, und dazu brauchen wir unsere Liebesfähigkeit, die es immer weiterzuentwickeln gilt.

K: Die Frage ist jetzt nur noch, was vernünftiger ist, unser Leben als Herausforderung zu sehen und wie du an die Liebe zu glauben, oder sein Leben zu zerstören durch Ängste und Depressionen oder gar durch Selbstmord. Deine Antwort kenne ich ja, und bei genauerer Betrachtung muss ich zugeben, dass sie einiges für sich hat.

H-P: Du darfst auch beides ausprobieren und für dich entscheiden, was für dich besser ist. Und davon einmal abgesehen, es gibt Tage, da entscheide ich mich auch für die Belastung und ich habe auf einmal keine Lust, mich aufzuraffen und an die Liebe zu glauben. Das ist menschlich, und wenn ich wieder umgekehrt bin, nehme ich mir so etwas auch nicht persönlich übel.

K: Das hört sich doch tröstlich an. Danke!

H-P: Bitte, da nicht für.

2. Annahmen über den Sinn unseres Daseins

K: Nachdem wir nun ausführlich über deine Annahme über den Sinn unseres Daseins gesprochen haben, interessieren mich zwei Fragen: Gibt es noch andere vernünftige Annahmen darüber, und gibt es Entwicklungslinien von Annahmen, die in ihrer historischen Zeit vernünftig waren, unabhängig davon, ob sie uns heute vernünftig vorkommen oder nicht?

H-P: Okay, vielleicht fangen wir mit der letzten Frage an, dann lernen wir schon einmal ein paar Annahmen kennen.

K: Dann beginnen wir doch mit Adam und Eva im Paradies.

H-P: Über den Sinn des Lebens macht man sich nur Gedanken, wenn man Probleme hat, oder vielleicht noch häufiger, nachdem man sie überwunden und Zeit zum Nachdenken hat: „Warum musste das sein, was hatte das für einen Sinn?"

K: Nach unserer momentanen Diskussion werde ich mich wahrscheinlich auch fragen, was das nun wieder mal gebracht hat. Und wenn du das aufschreibst, fragen sich deine Leser das vielleicht auch.

H-P: Irgendwie kommst du mir gerade etwas ironisch vor: erst das mit Adam und Eva und jetzt so eine Frage. Hat dich unser letztes Thema etwas überfordert? Überforderung macht ja wütend, und Ironie ist eine verkappte Form der Wut.

K: Aha, jetzt kommt der verständnisvolle Psychotherapeut. Aber du hast recht, es war etwas anstrengend, deinen doch ziemlich theoretischen Ausführungen zuzuhören. Etwas Praktisches, eine Übung, würde vielleicht ganz guttun.

H-P: Okay, machen wir einmal eine Phantasiereise. Stell die vor, du bist ein kleines Baby, und du liegst in einem kleinen Körbchen aus Schilfgras geflochten und schwimmst auf dem Wasser. Die Sonne scheint warm am Himmel, eine leichte kühle Brise weht über dich hinweg, und du fühlst dich richtig wohl.

K: Oh ja, das ist schön.

H-P: Nach einiger Zeit verfängt sich dein Körbchen und bleibt in Ufernähe irgendwo hängen. Es weht kein Wind mehr, und die Sonne wird allmählich unerträglich heiß. Schließlich wird es so unangenehm für dich, dass du schreist.

K: Hilfe, das wird jetzt aber ein Horrortrip.

H-P: Nein, denn auf einmal beugt sich ein Gesicht über dich, und eine wunderschöne Frau lächelt dich liebevoll an, nimmt dich aus dem Körbchen in ihre Arme, herzt dich und nimmt dich an ihre Brust, um dich zu stillen, sodass die Welt für dich wieder vollkommen in Ordnung ist. Du fällst dann in einen tiefen, tiefen Schlaf und träumst, dass du das Kind einer Königstochter bist und später ein berühmter Mann sein wirst. Allmählich wachst du auf, bist ganz entspannt und kommst auch wieder hierher zurück zu mir, damit wir uns weiter unterhalten können. Bist du wieder da?

K: Ja, das war schön erholsam nach der ganzen Anstrengung.

H-P: Das sollte es ja auch sein. Und nun frage ich dich: Was glaubst du, was dieses Kind, in das du dich gerade hineinversetzt hast, später als Erwachsener gedacht hat, was der Sinn dieser Begebenheit, seiner Rettung aus der Not, gewesen ist?

K: Wahrscheinlich, dass es Vorsehung war, dass eine Art höhere Macht eingegriffen hat, ein Gott, und vielleicht noch, dass ich eine Aufgabe zu erfüllen habe, etwa diesem Gott dienen soll.

H-P: Wenn du nun erfahren hättest, dass die Frau, die sich deiner angenommen und dich angeblich gerettet hat, dich kurz vorher in dem Binsenkörbchen ausgesetzt hatte, und dann wegen ihres schlechten Gewissens wieder herausgenommen hat, dann hättest du eine ganz andere Erklärung und müsstest nicht auf die Idee mit einem Gott und einer besonderen Aufgabe kommen, die dich zu einem besonderen Menschen machte.

K: Stimmt, wenn ich keine Erklärung für etwas habe, die mir verständlich macht, was mir widerfahren ist, dann erfinde ich etwas, nehme etwas an, an das ich glauben kann, vor allem, wenn es mich zu etwas Besonderen und Außergewöhnlichen macht. Als ob ich meine Ohnmacht dadurch ausgleichen wollte.

H-P: Da hast du etwas typisch Menschliches getroffen. Übrigens, Descartes hat uns in seinen „Meditationes" klar gemacht, dass wir nichts wissen können außer das, was wir Menschen selbst gemacht haben. Wenn die Mutter ihr Kind aussetzt und dann wieder zu sich holt, ist das alles von Menschen gemacht und kann daher von Menschen gewusst werden. So funktioniert auch unsere Wissenschaft: Wissenschaftler machen Experimente, die sie und andere wiederholen, bis sie sicher sind, dass ihre Folgerungen richtig sind, wenn sie etwas Bestimmtes machen, dass etwas anderes Bestimmtes nach einer bestimmten Zeit folgt. Solange wir noch keinen einzigen Menschen hergestellt haben, können wir nicht wissen, was oder wer ein Mensch ist, wir können nur Teilaspekte erkennen und in Grenzen etwas darüber wissen. Das ist der philosophische Beweis, den wir Descartes zu verdanken haben, dass wir nichts über Freiheit, Liebe, Gerechtigkeit, Gott und den Sinn unseres Daseins wissen können, weil wir nichts davon selbst machen können.

K: Das hat doch schon Sokrates den Athenern bewiesen und musste dafür sterben. Wieso ist eigentlich Descartes dafür nicht als Ketzer verbrannt worden?

H-P: Er hat das wohlweißlich nicht so deutlich ausgedrückt und hat als Alternative zu dem Nichtwissen den christlichen Glauben an Gott als das Vernünftigste hingestellt, das alle Menschen annehmen sollten.

K: Aufgrund der Macht der Kirche war das sicherlich sehr vernünftig.

H-P: Nicht nur, es gab den Menschen auch Halt und ein Selbstwertgefühl als Kinder Gottes, so, wie es dem Kind, in das du dich vorhin hineinversetzt hast, ein Gefühl der Besonderheit und Verbundenheit mit einer höheren Macht oder Gott, wie man ihn vielleicht damals verstanden hat, gegeben hat. Diese Annahme über den Sinn seines Daseins, dass er als Diener Gottes eine Aufgabe zu erfüllen hat, hat diesem Menschen – sicherlich hast du schon erraten, dass Moses damit gemeint war – Kraft gegeben, Außergewöhnliches zu leisten, und damit war diese Annahme ganz vernünftig.

K: Diese Grundannahme gilt wohl für alle drei der sogenannten „abrahamischen" Religionen. Der Sinn unseres Daseins ist im Judentum die Bündnistreue zu Gott, im Christentum die Liebe zu Gott gleichbedeutend mit „Liebe deinen Nächsten wie dich selbst" und im Islam die Hingabe an Gott. Das ist ja die Bedeutung des Wortes „Islam". Und in allen drei Religionen spielt die Glaubensgemeinschaft eine besondere sinnstiftende Rolle: im Judentum als das „auserwählte Volk" im Andenken an Moses, im Christentum die „Ecclesia", ursprünglich einfach nur die Versammlung, die das Liebesmahl feierte im Andenken an Jesus, und im Islam die Gemeinschaft, die mit dem Gesicht nach Mekka zu Allah betet im Andenken an Mohammed. Wie sieht es denn in anderen Religionen aus, welche unerklärlichen Schicksale gibt es vielleicht noch?

H-P: Ich kann das hier nur kurz skizzieren und hauptsächlich Vermutungen äußern. Bei Buddha war es wohl so, dass er sich dafür schämte, dass seine Kaste der Adligen im Luxus lebte, während andere hungerten und starben. Deswegen übertrieb er vielleicht die bei den Adligen seiner Zeit übliche Form der zeitweiligen Askese und brachte sich an den Rand des Todes, besessen davon, eine Antwort darauf zu finden, warum es so viel Leid gab. Schließlich kam ihm zu Bewusstsein, seine Anhänger nannten es Erleuchtung, dass er es nicht wissen konnte, und dass dieses Nichtwissen, solange er es als solches nicht vollkommen annehmen konnte, zugleich auch die Ursache von allem Leid sei. Dies war seine Annahme bzw. sein Glaube, und dass jeder selbst durch Meditation zu seinem Glauben kommen sollte, der sich mit jeder Meditation ändern konnte. Sein auch aus heutiger Sicht vernünftiger Glaube war, dass es nur vorläufige Annahmen und keinen fixierten Glauben geben konnte. Dieser Glaube sollte nicht oberflächlich intellektuell sein, sondern tief im Wesen verankert, so tief, dass man nicht wissen konnte, ob und wann man das jemals erreichen würde. Auch hier ist die Gemeinschaft notwendig, damit niemand allein in einer Art Meditationswahn hängen bleibt, sondern immer wieder ins tätige Leben zurückgeholt wird.

K: Damit unsere Erörterungen nicht den Rahmen sprengen, aber doch auch weit vom Abendland entfernte Kulturkreise berühren, schlage ich vor, nur noch China mit seinen beiden großen Religionsstiftern Lao Tse und Kung Fu Tse, bei uns besser bekannt als Konfuzius, zu betrachten.

H-P: Konfuzius war Höfling in einem chinesischen König-reich, das erobert wurde in der Zeit, als sich ein Herrscher durch Eroberungen und Verhandlungen an die Spitze eines mächtigen Großreiches setzte. Konfuzius war sozusagen arbeitslos geworden und musste einen neuen Sinn in seinem Leben finden. So eröffnete er eine Art Lebensberatungsschule und vermittelte dabei den Menschen eine Geisteshaltung, die man heute als ethischen Humanismus bezeichnen würde. Er legte dabei überlieferte Weisheiten so aus, dass sie im Hier und Jetzt praktisch anwendbar wurden. Seine Annahme bzw. sein Glaube bestand darin, dass alle seine Zeitgenossen aus einem goldenen Zeitalter stammten, aus einer Art Paradies, als der Himmel ein Wohlgefallen an den Menschen hatte, und dass es galt, dorthin wieder zurückzufinden. Menschen seien alle prinzipiell gut, das war sein Humanismus, da sie von etwas Gutem herkamen, man müsste sie nur entsprechend erziehen, das war das Ethische. Auch hier spielt die Gemeinschaft eine entscheidende Rolle, denn Erziehung zum menschlichen Miteinander kann nur gemeinschaftlich umgesetzt werden, um erfolgreich zu sein.

K: Das Gemeinsame dieser Schicksale scheint mir zu sein, dass alle diese Männer aus stabilen Verhältnissen kommen, dann mehr oder weniger unverschuldet in eine Krise geraten, in der ihr bisheriges Weltbild einen gehörigen Knacks bekommt, und die dann einen neuen Lebenssinn außerhalb ihrer momentanen Welt annehmen und diesen Glauben an andere weitergeben. Dass dies bis heute geschichtlich uns erhalten geblieben ist, liegt daran, dass die jeweilige Lehre aufgeschrieben, kanonisiert bzw. in eine feste, von der Mehrheit der Nachfolger akzeptierte Fassung gebracht und bis heute in den verschiedenen Epochen immer wieder neu ausgelegt und interpretiert wurde, sodass die Lehre verständlich und praktisch anwendbar blieb. Trifft das alles auf Lao Tse und den Daoismus ebenfalls zu?

H-P: Aller Wahrscheinlichkeit nach schon. Allerdings wissen wir von ihm nur, dass er ein „alter Kerl" war, das ist jedenfalls die Übersetzung von Lao Tse, dem es vermutlich ähnlich ergangen ist wie Konfuzius, der jedoch zu der Zeit, nachdem er das grundlegende Buch des Daoismus geschrieben hatte, das Dao-Te-King, sich endgültig als Eremit zurückgezogen hat. Er hatte wohl nur keine öffentliche Schule aufgemacht wie Konfuzius, sondern war wohl schon vorher in der Einsamkeit zu seinen Erkenntnissen gekommen. Sein Glaube war wohl eher ein „philosophischer Glaube", wie Karl Jaspers es nennen würde. Seine Nachfolger lebten dann in klösterlichen Gemeinschaften, widmeten sich mehr dem Einzelnen statt dem Gesellschaftlichen wie die Konfuzianer, heilten mit ganzheitlichen, teilweise auch sehr suggestiven Methoden und entwickelten wesentlich die traditionelle chinesische Medizin einschließlich der Akkupunktur.

K: Wenn ich das einmal zusammenfassen darf, dann ist das Gemeinsame dieser verschiedenen Religionen die Annahme oder der Glaube, dass es außerhalb der momentanen Situation eine Art gute, positive Macht gibt, der man sich anvertrauen kann oder sollte, und zwar in einer Gemeinschaft, damit das jeweilige Leben oder menschliche Dasein in dieser Gesamtsituation von Geburt bis zum Tod gelingt. Das ist ein Gelingen, das den Einzelnen, die Gemeinschaft und diese gute Macht irgendwie zufriedenstellt.

H-P: Um sich dieser Macht anzuvertrauen, braucht man den Glauben, dass diese Macht einerseits alles umgreift, was es gibt, in diesem Sinne also allmächtig ist, und andererseits auch alles durchdringt, sonst kann man nicht darauf vertrauen, dass diese Macht alles versteht und es gut mit einem meint.

K: Sich anzuvertrauen, kann dann Verschiedenes bedeuten: bestimmte Vorschriften, Gebote und Regeln zu befolgen und Rituale zu vollziehen teils zum Wohl der Gemeinschaft, teils damit der Einzelne sich immer mehr so entwickelt, dass sein Leben immer besser gelingt. Insofern beinhalten diese Religionen sowohl Glauben als auch praktische Anweisungen.

H-P: Besser hätte ich es auch nicht ausdrücken können. Außerdem gibt es noch kanonisierte Aufzeichnungen, eine Art „heilige Schriften", die immer wieder neu ausgelegt werden müssen, damit die betreffende Religion lebendig bleibt und den Menschen in ihren jeweils eigenen und neuen Situationen helfen kann, dass ihr Leben gelingt.

3. Religion und Vernunft

K: Inwiefern sind denn die bisher besprochenen Religionen vernünftig?

H-P: Das sind im Grunde zwei Fragen, nämlich wie vernünftig der jeweilige Glaube ist und wie die praktischen Anweisungen. Außerdem müssen die Zeit bzw. die historische Situation berücksichtigt werden. Daher sollte die Auslegung der „heiligen Schriften" entsprechend angepasst werden, damit die betreffende Religion, wenn sie am Anfang vernünftig war, auch vernünftig bleibt.

K: Die Praxis sollte aber auch entsprechend angepasst werden.

H-P: Insofern die betrachteten Religionen von konkreten historischen Personen gestiftet wurden, denke ich, kann ich deine Frage, zumindest was den Anfang der jeweiligen Religion betrifft, darauf reduzieren, wie vernünftig die jeweiligen Religionsstifter in ihrem Glauben und in ihrer Praxis gewesen sind. Beim Judentum war das nicht Moses, wie vielfach angenommen, sondern die Propheten Jeremia, Esra und Nehemia, die die Vielgötterei beendeten und den Monotheismus begründeten.

K: Ich habe auch schon gehört, dass Moses vielleicht eine Erfindung ist, genauso wie der Exodus. Die Hebräer sollen schon die ganze Zeit in Kanaan gewesen sein.

H-P: Nicht der Auszug aus Ägypten, sondern die Entlassung aus der babylonischen Gefangenschaft war das entscheidende Ereignis, mit dem diese Religion im 6. Jahrhundert vor Christus in ihrer streng monotheistischen Form begann. Beim Christentum muss neben Jesus noch Paulus als Mitbegründer betrachtet werden, auf den Wesentliches der christlichen Praxis zurückgeht, insbesondere die Befreiung von jüdischen Praktiken wie Beschneidung und verschiedene Essensvorschriften, was „koscher" ist und was nicht. Um es abzukürzen, möchte ich einfach einmal die Behauptung aufstellen, dass Glaube und Praxis am Anfang dieser Religionen vernünftig gewesen sind, sonst hätten sie sich nicht so entwickeln können und immer mehr Anhänger gefunden.

K: Damit bin ich nicht einverstanden, wir brauchen aber nicht alle diese Religionen im Einzelnen zu betrachten, sondern erst einmal nur die von mir zusammengefassten Gemeinsamkeiten: der Glaube, dass es außerhalb der momentanen Situation eine Art gute, positive Macht gibt, der man sich anvertrauen soll, damit unser menschliches Dasein immer besser gelingt. Später können wir vielleicht ein paar kritische und somit unvernünftige Punkte bei der christlichen Religion zum Thema machen, ich denke nämlich, dass wir über fremde Religionen zu wenig wissen. Insofern bin ich dafür, erst einmal vor der eigenen Haustür zu kehren.

H-P: Das ist vernünftig. Zum ersten Thema, das du eingebracht hast, finde ich, dass die Annahme einer höheren Macht sehr vernünftig ist. Schon Luther meinte, es müsse ein Wesen geben, dem wir Menschen vollkommen vertrauen können. Da wir Menschen und unsere Welt unvollkommen sind, muss dieses Wesen außerhalb sein, aber gleichzeitig uns und unsere Welt vollkommen durchdringen und umgreifen. Wenn es nicht außerhalb wäre, wäre es unvollkommen, weil alles innerhalb der Welt so ist, und wir könnten deshalb nicht vollkommen vertrauen, wenn es uns aber nicht vollkommen durchdringt und umgreift, dann hätte ich meine Bedenken, ob es uns und unsere Welt überhaupt vollkommen versteht und sich ausreichend interessiert, sodass ich deswegen nicht vollkommen vertrauen würde.

K: Dieses Wesen würde ja dann echt und unmittelbar verstehen, wozu und worum willen wir da sind, d.h. es würde uns vollkommen lieben nach deiner Definition der vollkommenen Liebe.

H-P: Stimmt, da treffen sich alle bisher erwähnten Religionen mit meinem Glauben an die Liebe.

K: Und damit dieser kein rein philosophischer Glaube bleibt, brauchst du nur noch eine Praxis, durch die der Glaube erfüllt werden kann, und hast damit eine neue Religion gegründet. Wie wäre es denn mit dieser Partnermeditation, die du in „Dasein, um zu lieben" im letzten Kapitel und in „Religion, Ökumene und Liebe" im dritten Kapitel beschrieben hast? Wenn diese Übung immer wieder durchgeführt wird, nähern sich die Übenden immer mehr der Utopie der vollkommenen Liebe. Das hast du ja in den erwähnten Büchern ausgeführt.

H-P: Jetzt übertreib´ mal nicht! Damit kann man noch nicht einmal einen neuen Orden gründen. Aber kommen wir doch zu dem von dir vorgeschlagenen zweiten Thema der Kritik an der christlichen Religion. Karl Jaspers hat in seinem Buch „Der philosophische Glaube" den Ausschließlichkeitsanspruch, der in jeder Religion auftreten kann und in den „abrahamischen" Religionen am häufigsten auftritt, heftig kritisiert. Er schreibt: „Wir müssen um die Wahrheit und um unsere Seele ringen gegen diesen tödlichen Anspruch."

K: Insofern hat Jaspers recht, weil dieser Anspruch zu Kreuzzügen und Religionskriegen geführt hat, die wirklich tödlich waren.

H-P: Allerdings richtet sich seine Kritik nicht gegen die betreffenden Religionen an sich, sondern nur gegen „viele Realisierungen von Religionen, wenn diese auch vom Religiösen selber her als Abgleitung verworfen werden können."

K: Im Christentum wird dieser Anspruch hergeleitet aus Johannes 14, 6: „niemand kommt zum Vater, denn durch mich."

H-P: Dabei vergisst man aber, was davor steht, nämlich: „Ich bin der Weg, die Wahrheit und das Leben", zusammen also: niemand kommt zum Vater, denn durch das Leben, die Wahrheit und dadurch, dass sie oder er sich auf den Weg macht, sich also bemüht. Wenn du noch die Weihnachtsbotschaft mit hinzunimmst: „Friede den Menschen, die guten Willens sind", dann freust du dich über alle verlässlichen und ernsthaft religiösen Menschen unabhängig von jeder Religion.

K: Auch wenn sie Menschenopfer bringen?

H-P: Hier muss die Vernunft eingreifen, und das ist der Punkt, an dem Religion und Philosophie zusammenarbeiten sollten, damit jede Realisierung einer Religion vor Grausamkeit und Aberglaube bewahrt wird.

K: Und was hat die Religion der Philosophie zu bieten?

H-P: Reine Vernunft, und wenn sie noch so einleuchtend ist, kann die Menschen nicht bewegen, sich nach etwas zu richten.

Menschen müssen wollen, sonst tun sie nichts. Philosophie ist Denken, nicht Wollen, manchmal vielleicht auch Vermuten und Urteilen, aber Religion bündelt die Menschen gewissermaßen und erzeugt einen gemeinsamen Willen, der sprichwörtlich Berge versetzen kann. Vielleicht verstehst du jetzt noch besser, warum mein Glaube an die Liebe selbst mit der Partnermeditation als Praxis niemals eine Religion werden kann, noch nicht einmal eine Ideologie wie die Philosophie von Karl Marx.

K: Okay, weil der Philosoph immer ein einsamer Denker ist, kann er durch seine Kritik nur Reformen anregen, aber niemals etwas Neues schaffen wie beispielsweise eine Religion. Du bräuchtest schon eine Jüngerschaft, die dir folgt und die mit dir regelmäßig die Partnermeditation durchführt.

H-P: Das will ich gar nicht, das wäre mir viel zu viel. Ich bewundere zwar Menschen wie Jesus, Buddha und Konfuzius, aber was sie gemacht und geleistet haben, ist nicht mein Ding. Da wirst auch du mich niemals zu kriegen. Ich bin und bleibe Psychotherapeut und damit basta, Ende der Debatte und anderes Thema.

K: Das war jetzt klar und deutlich.

4. Bedingter und unbedingter Glaube

H-P: Betrachten wir doch einmal zwei verschiedene Annahmen oder Arten von dem, was Menschen glauben, z.B. den Glauben an Gott und den Glauben, dass unser Universum durch den Urknall entstanden ist. Wissen können wir keines von beidem mit letzter Gewissheit, und doch gibt es einen wesentlichen Unterschied.

K: Den Glauben an Gott kann ich weder beweisen noch widerlegen, es gibt keine Bedingung, unter der ich sagen kann, ja, es stimmt, oder nein, es stimmt nicht. In diesem Sinne ist es ein unbedingter Glaube. Es gibt zwar Vernunftgründe, daran zu glauben, es ist aber nicht unvernünftig, nicht daran zu glauben. Insofern ist es kein allgemeiner, sondern ein spezifischer Glaube, der Menschen voneinander unterscheidet, ohne den einen oder anderen abzuwerten. Der Glaube an den Urknall kann durch bisher noch unbekannte Erkenntnisse widerlegt werden, unter bestimmten Bedingungen, die physikalisch sinnvoll sind, z.B. die Bedingung, dass überall im Universum dieselben allgemeinen Gesetzmäßigkeiten wie auf der Erde gelten, kann der Urknall bewiesen werden. Insofern ist dieser Glaube ein bedingter, er ist aber auch ein allgemeiner Glaube, weil es unvernünftig wäre, nicht an die betreffenden Bedingungen zu glauben, die sich schon so oft als widerspruchsfrei und praktikabel erwiesen haben.

H-P: Auch mein Glaube an die Liebe ist unbedingt, aber ich könnte niemanden dafür verurteilen, der nicht daran glaubt. Wenn ich unter Zwang dem abschwören würde, würde ich mir selbst untreu werden. Würde mich dagegen jemand zwingen, zu behaupten, es hätte nie so etwas wie einen Urknall gegeben, würde ich zustimmen und anschließend mit den Achseln zucken, mich umdrehen und denken, es gibt ihn doch.

K: So ähnlich soll Galilei reagiert haben und leise zu sich selbst gemurmelt haben: „und sie dreht sich doch." Ein unbedingter Glaube kann dich zum Märtyrer machen, ein bedingter verteidigt sich selbst und braucht dich nicht.

H-P: Ein unbedingter Glaube hält eine Gemeinschaft in Bezug auf diesen Glauben bedingungslos zusammen und macht sie in

Bereichen handlungsfähig, in denen er einen gemeinsamen Willen fordert. Der Glaube an Gott fordert, dass alle gemeinsam Seinen Willen erfüllen, der dann zum gemeinsamen Willen wird, dem sich alle unterordnen, solange sie glauben bzw. vertrauen.

K: Zum Glauben und Vertrauen muss also noch der „gute" Wille kommen, „gut" heißt, er kommt von Gott.

H-P: Ein gottgefälliges Leben zu führen, ist dieser gemeinsame Wille, der natürlich erst noch anhand gemeinsam anerkannter „heiliger Schriften" ausgelegt werden muss.

K: Spätestens da fängt es an, kompliziert zu werden. Was ist Sein Wille, und wie kann der gemeinsame Wille zu meinem eigenen werden?

H-P: Das müssen die Religion bzw. ihre Vertreter bewerkstelligen, und dazu müssen diese besonders fest daran glauben und vertrauen, sonst können sie kaum überzeugend wirken.

K: Und Märtyrer wirken sehr überzeugend. So hat sich das Christentum im römischen Reich überzeugend ausgebreitet. Insofern sind Glaube, Vertrauen und Märtyrertum, allerdings nur in ihrer Kombination, wesentlich überzeugender als Vernunft und Philosophie.

H-P: Und genau diese Kombination birgt auch Gefahren in sich. Der Glaube erzeugt eine Haltung, die Glaubenshaltung, Vertrauen ist eine Einstellung, und die große Opferbereitschaft im Märtyrertum bewirkt eine Stimmung. Auf diese Weise ergreift eine Religion Menschen und fügt sie in eine Glaubensgemeinschaft ein. Ist die Glaubenshaltung zu fixiert, können Glaubensinhalte nicht mehr hinterfragt werden, erstarrt der Glaube im Aberglauben, denn er vermischt Relatives, nämlich bisherige Einstellungen bezüglich bestimmter Situationen, und Absolutes, etwas, was für alle Situationen gilt.

K: Kannst du dafür ein Beispiel geben?

H-P: Im Mittelalter an Engel und an den Teufel inhaltlich zu glauben, war sinnvoll, um bei den Menschen damals eine Einstellung des Vertrauens zu erzeugen, dass ihre Angst vor schlimmen Vorfällen und Ereignissen, die damals leider sehr viel häufiger waren als heute, beruhigt wurde. Es gab zwar Schlimmes und Schreckliches, veranschaulicht durch den Teufel, es gab aber auch das Gute, dargestellt durch verschiedene Engel, die z.B. als Schutzengel für die Menschen da waren. Heute verführen diese Darstellungen eher dazu, über den Teufel zu lachen, das Schreckliche nicht mehr ernst zu nehmen, oder sich naiv zu sehr auf die Engel zu verlassen. Letzteres entspricht der zweiten Versuchung Jesu, als er auf die Zinne des Tempels gestellt und aufgefordert wird, sich hinabzustürzen, die Engel würden ihn schon auffangen.

K: Naja, im Mittelalter wussten die meisten nicht, wo ein Unglück herkam. Damit nicht alle demoralisiert wurden, war ein Glaube an Teufel und Engel schon wichtig. Heute würde das nur von den eigentlichen Problemen ablenken, da jeder sich erkundigen kann, wo ein spezifisches Unglück herkommt. Und zu der Versuchung, die du angesprochen hast, da fällt mir nur ein, dass manche gläubige Christen meinten, wenn sie in der Kirche wären und Gottesdienst feierten, dass sie dann vor CoViD-19 geschützt seien. Neulich in Frankfurt ist es dann passiert, dass sich Menschen in einem Gottesdienst angesteckt haben.

H-P: Was die Vertrauenseinstellung betrifft, das zeigt das Frankfurter Beispiel und die zweite Versuchung Jesu, da sollte man zuerst schauen, was man alles selbst für sich und andere tun kann, bevor man sich einer höheren Macht anvertraut. Insofern sind auch hier Verfestigungen nicht angebracht, sondern führen zum Aberglauben.

K: Okay, was kritisch beim Glauben und beim Vertrauen werden kann, kann ich mir jetzt einigermaßen vorstellen. Wie sieht es nun mit der Opferbereitschaft und der entsprechenden Stimmung aus?

H-P: Wenn ich dabei meinen unbedingten Glauben verteidige und mich zu nichts zwingen lasse, ist das vollkommen in Ordnung. Nur wenn ich andere angreife und sie zu etwas zwingen will, wie das bei den Kreuzzügen und anderen Religionskriegen der Fall war, dann finde ich das schlimm und würde alles in meiner Macht tun, um es zu verhindern. In einer solchen aggressiven Stimmung entsteht schnell eine Haltung, die alle anderen ausgrenzt und die nichts mehr wertschätzen kann außer den Dingen, die in der eigenen festgefahrenen Glaubenshaltung wertvoll erscheinen.

K: Jetzt haben wir ein paar Gefahren des unbedingten Glaubens und der Religion besprochen. Wie sieht es nun mit dem bedingten Glauben aus, können wir uns ganz auf diesen beschränken, um alle Gefahren zu vermeiden, die mit unbedingtem Glauben verbunden sind?

H-P: Wenn wir uns nur auf die Wissenschaften verlassen wollen und alles andere nicht gelten lassen, dann sind wir beim Nihilismus, bei der Sinnlosigkeit allen Daseins, denn die Wissenschaften können uns keinen Sinn geben. Es wäre dann sehr tapfer von uns weiterzuleben, wir könnten in manchem vielleicht noch etwas Ästhetisches finden, aber sonst wäre alles sinnlos und leer.

K: Wissenschaftsgläubigkeit und Nihilismus sind doch nicht dasselbe.

H-P: Wissenschaftsgläubigkeit ist Selbstüberschätzung. Das ist wie bei der ersten Versuchung von Jesus, als ihm eingeredet wird, er könne Steine in Brot verwandeln. Selbst wenn wir das könnten, reicht das nicht zum wirklichen Leben, denn wir brauchen auch einen Sinn, und das ist, gleichnishaft ausgedrückt, jedes Wort, das aus dem Munde Gottes kommt. Und der Nihilismus ist in der dritten Versuchung dargestellt, als Jesus den Teufel anbeten soll, dann bekommt er jeden Luxus dieser Welt, als ob es sinnlos wäre, sich für das Gute und die Liebe einzusetzen, das Böse gewinnt doch immer.

K: Der Nihilismus hat doch aber auch sein Gutes.

H-P: Ja, denn er fordert den unbedingten Glauben und Religionen heraus, sich der Kritik durch wissenschaftliche Erkenntnisse zu stellen, seine Grundlagen zu überdenken und seine Praktiken zu reformieren. Falls es „Heilige Schriften" gibt, müssen diese unter Umständen neu ausgelegt werden. Der Papst beispielsweise, der in der heutigen Zeit der einzige absolutistische Herrscher der Welt von Gottes Gnaden ist, ist mit seiner Unfehlbarkeit einfach nicht mehr tragbar. Dasselbe gilt für die Stellung der Frau in der katholischen Kirche. Dass Jesus nur Männer als Apostel wählte und durch das Land schickte als seine Stellvertreter, lag nicht daran, dass er Frauen für unfähig hielt, seine Botschaft weiterzugeben, sondern daran, dass er Herodes und seine Knechte täuschen wollte. Sie sollten nicht wissen, wo er gerade war, und je mehr in seinem Namen auftraten und wie er Liebesmahle abhielten, desto mehr Verwirrung konnte er stiften. Frauen waren verständlicherweise für ein derartiges Täuschungsmanöver absolut ungeeignet.

K: Religion, Wissenschaftsgläubigkeit und Nihilismus, unbedingter und bedingter Glaube stehen sich also als Gegensätze einander gegenüber, und alles hat seine Existenzberechtigung. Wie können diese Gegensätze gelöst werden, gibt es da eine Art Synthese?

5. Philosophischer Glaube

H-P: Der philosophische Glaube ist sowohl bedingt als auch unbedingt und vermittelt so zwischen Religion und Nihilismus. Ich will versuchen, dies anhand meines Glaubens an die Liebe zu demonstrieren.

K: Was glaubst du da noch einmal genau?

H-P: Ich glaube, dass es die Erfüllung unseres Lebens ist, und mit diesem „uns" beziehe ich alle Menschen ein, danach zu streben, immer mehr echt und unmittelbar zu verstehen, wozu und worum willen wir da sind, oder was der Sinn unseres Lebens ist. Dieses Ziel ist zwar utopisch, wir können jedoch auf dem Weg dorthin Fortschritte machen. Zum einen macht ein Kind innerhalb der ersten vier bis fünf Lebensjahre derartige Fortschritte, zum anderen bewirken diese Fortschritte, dass die Betreffenden sich und andere mehr wertschätzen, offener, zuverlässiger und verbindlicher sich anderen gegenüber verhalten und in ihren zwischenmenschlichen Beziehungen versöhnlicher werden. Insgesamt gelingen zwischenmenschliche Beziehungen immer besser, insbesondere auch deswegen, weil die beiden grundlegenden Probleme im Zwischenmenschlichen, die Unvorhersehbarkeit der Ergebnisse zwischenmenschlicher Initiativen und deren Unwiderruflichkeit, immer besser gelöst werden können. Man kann sagen, dass die Liebesfähigkeit der Menschen sich immer mehr entwickelt und verbessert, je mehr Menschen diesen Weg gehen, weswegen ich die Utopie dieses absolut echten und unmittelbaren Verstehens als vollkommene Liebe bezeichnet habe.

K: Jetzt kann ich mir diesen Glauben schon klarer vorstellen und dein Engagement dafür besser verstehen. Wie bist du überhaupt darauf gekommen?

H-P: Ich habe mir schon oft die Frage gestellt, was der Sinn des Lebens ist, bin aber nicht weitergekommen als zu der Aufforderung, dass jeder selbst diesen Sinn suchen muss. Schließlich bin ich irgendwann mit Heideggers „Sein und Zeit" in Berührung gekommen, und er meinte, man müsse zu seinem eigentlichen Selbst kommen und verstehen, worum willen man da ist. Dann erinnerte ich mich an eine Partner-Meditation, bei der wir uns mit der Frage „Wer bin ich" konfrontierten und im Wechsel mitteilen sollten, was bei dem Bemühen, eine unmittelbare Erfahrung von sich selbst zu machen, sich bei uns gedanklich, bildlich, emotional oder gedanklich geregt hatte, um das alles loszulassen und zu einem unmittelbaren Verständnis zu kommen, wer ich bin. Zusammen ergibt das ein Bemühen um echtes und unmittelbares Verstehen, wozu und worum willen wir da sind. Heidegger begründete seine Antwort auf die Frage nach dem Sinn des Lebens damit, dass dies im menschlichen Dasein fundiert sei, und zeigte dies in „Sein und Zeit" mithilfe der Sorge auf. In „Dasein, um zu lieben" habe ich meine Antwort entsprechend in der mentalen Entwicklung von Kindern nach Fonagy und anderen verankert. Ich habe das hier nur knapp erklären wollen. Wenn du es genauer wissen willst, kannst du ja nachlesen. Anfänglich war bei mir also der Glaube da, dass es einen Sinn gibt, und dann habe ich nach einer vernünftigen Antwort gesucht. Ohne diesen Glauben hätte ich das Leben nicht verstanden. Insofern kann ich nur mit Augustinus sagen: „Credo, ut intelligam.", „Ich glaube, damit ich verstehe." Andererseits habe ich nach einer Synthese zwischen Religion und Vernunft gesucht, wie Thomas von Aquin zwischen christlicher Religion und der Philosophie von Aristoteles.

K: Inwiefern steht dieser Glaube an die Liebe zwischen Nihilismus und Religion bzw. wie vermittelt er zwischen beiden?

H-P: Wie ich in „Dasein, um zu lieben" im zweiten Kapitel ausgeführt habe, prüft und negiert jeder auf diesem Weg ein begriffenes Verständnis als unecht und durch etwas vermittelt und gibt so der nihilistischen Haltung recht. Da hier die Bedingungen der Echtheit und der Unmittelbarkeit im Zentrum stehen, ist der Glaube an die Liebe ein bedingter Glaube. Zuerst glaubt der Betreffende z.B. ein echtes und unmittelbares Verständnis erreicht zu haben, muss es dann aber nach näherer Prüfung mithilfe der Bedingungen negieren. Andererseits nimmt er jedes daraus neu entwickelte Verständnis als Verbesserung des Bisherigen an, sodass religiöse und mystische Erfahrungen durchaus anerkannt und akzeptiert werden. Diese bedingungslose Annahme und Wertschätzung ist ein Zeichen unbedingten Glaubens. Und schließlich entsteht auf diesem Entwicklungsweg eine Haltung der Offenheit und Gelassenheit, die sich weder auf die Verneinung noch auf die Annahme eines erlangten Verständnisses fixiert oder festlegen lässt. Letzteres kann man vielleicht als neutral-wissenschaftliche Haltung bezeichnen.

K: Auf diese Weise vermittelt dieser Glaube an die Liebe nihilistische oder aufgrund des Offenhaltens wissenschaftliche und religiöse Arten des Glaubens.

H-P: Richtig, und er erzeugt unter den Menschen eine tolerante Atmosphäre, in der verschiedene Meinungen möglich und ausgetauscht werden können. Es entsteht immer mehr eine offene, ehrliche und engagierte Kommunikation, die Verbindungen schafft und durch Versöhnlichkeit getragen wird.

K: Das klingt doch schön, wie Paradies auf Erden.

H-P: Ich will dich ja nicht enttäuschen, aber vom Paradies sind wir noch weit entfernt. Dazu muss sich unsere Kultur, wie wir miteinander umgehen, und die Wissenschaft, wie wir z.B. die vielen selbst geschaffenen Umweltprobleme lösen können, noch deutlich weiterentwickeln.

K: Da sind wir ja bei einem weiteren interessanten Thema.

6. Entwicklungen in Wissenschaft und Kultur

H-P: Die allgemeine Frage ist, wie Prozesse sich entwickeln, und allgemein kann man dazu erst einmal sagen, dass da ein relativ unstrukturierter Anfangszustand besteht, bei dem mehrere Möglichkeiten offen sind, von denen dann eine realisiert wird.

K: Das bezieht sich jetzt auf Entwicklungsprozesse in Wissenschaft und Kultur, was wir hier besprechen wollen.

H-P: Das gilt für alle Prozesse. Das Besondere an Entwicklungsprozessen in Wissenschaft und Kultur ist, dass sie von Menschen initiiert werden, die durch ein Ziel, das sie erreichen wollen, motiviert sind, einen solchen Prozess anzustoßen. Solche Entwicklungen können von einem einzelnen Menschen oder von mehreren ausgehen, müssen dann aber von einer Gemeinschaft getragen werden.

K: Wie geht dieser Prozess weiter, nachdem ein motivierendes Ziel irgendwie aufgekommen ist?

H-P: Genauer, nachdem ein Ziel als lohnenswert beurteilt worden ist und möglichst auch einen allgemeinen Geschmack trifft, damit es von mehreren getragen wird. Dann geht es um die Mittel, die gebraucht werden, um das Ziel zu erreichen. Ohne greifbare Möglichkeiten bleibt alles im Theoretischen und versiegt.

K: Ich bin auch immer für das Konkret-Praktische.

H-P: Weiterhin braucht man einen Plan, wie der Prozess ablaufen soll, einen verständlichen Plan, auf den alle hören sollten, die mitmachen. Schließlich muss man als eine Art materielle Grundlage etwas Unstrukturiertes haben, das man nach Plan und Mittel so formen kann, dass das Ziel erreicht werden kann.

K: Okay, um es etwas konkreter zu machen, wenn ich z.B. Hunger habe, dann brauche ich als materielle Grundlage etwas, woraus etwas Essbares hergestellt werden kann, dann ein Rezept als Plan und eine gut ausgestattete Küche, in der ich die Mittel und Werkzeuge finde, um mir etwas Leckeres zuzubereiten, was ich dann unter Umständen mit anderen, die auch Hunger haben und einen ähnlichen Geschmack wie ich, genüsslich verspeisen kann.

Bei diesem Beispiel entwickeln sich Wissenschaft und Kultur allerdings nur dann, wenn ich an irgendeiner Stelle dieses Prozesses eine Neuerung eingeführt habe, die zur Folge hat, dass es den anderen und mir besonders und besser schmeckt als bisherige Formen des Essens, oder es ist eine Vereinfachung oder preiswerter als sonst. Wie komme ich aber auf solche Neuerungen, wie kann sich durch mich Wissenschaft oder wie in diesem Beispiel eine Esskultur entwickeln?

H-P: Das vollzieht sich über unsere Sinne und deren geistige Entwicklung: beim Essen ist es zuerst einmal mein Geschmack. Das gilt im übertragenen Sinn auch für Kultur und insofern auch für die Wissenschaft, weil ein Forscher an seinem Gebiet auch Geschmack gefunden haben muss, sonst ist er zu wenig motiviert zu forschen. Es ist aber nicht die sinnliche Ebene allein, sondern durch Vergleiche entwickelt sich unser Geschmack geistig, indem wir immer besser beurteilen können, was uns geschmacklich einen besonderen Genuss bereiten kann. Aus dem Geschmackssinn wird ein Urteils- oder ein ästhetisches Vermögen. Das meine ich mit geistiger Entwicklung unseres Geschmackssinns. Das Vergleichen bei diesem geistigen Entwickeln beschränkt sich nicht nur auf eigene Erfahrungen, sondern auch auf die von anderen, indem mir auch der Geschmack und das ästhetische Empfinden anderer oder die Art ihres Urteilens bewusst wird.

K: Da liegst du mit Kant auf einer Linie, der seine Kritik der Urteilskraft ursprünglich Kritik des Geschmacks nennen wollte.

H-P: Als Nächstes gilt es, mich an das Problem heranzutasten, dass ich von meinem Begehren getrennt bin. Der Tastsinn entwickelt sich durch Vergleiche ebenfalls geistig, und zwar dahin, dass ich immer besser begreife und erfasse, was ich zur Lösung von Problemen brauche. Das Tasten und das Spüren werden immer mehr zum Begreifen und Erfassen von Mitteln, die ich zur Verwirklichung und Erfüllung meines Begehrens brauche. Es geht um den Umgang mit den verschiedenen Situationen, um die Praxis, das Praktische. Dabei begreife ich auch immer mehr, was andere begreifen und wie sie etwas erfassen.

K: Und wenn du etwas nicht begreifst, kannst du die Fassung verlieren.

H-P: Stimmt. Wie vorhin schon erwähnt, entwickeln sich die Wissenschaften und die Kultur nur in einer Gemeinschaft, d.h. hier muss man aufeinander hören, um planvoll vorzugehen. Dabei entwickelt sich das Hören durch Vergleiche zum vernünftigen Verstehen. Vernunft, von vernehmen, hat mit Hören zu tun, denn, um vernünftig zu sein, muss ich vernehmen, also fragen und zuhören, damit ich immer besser verstehe, was andere sagen und was und wie sie planen oder geplant haben. Durch den Gehörsinn vermittelt verstehe ich räumliche und zeitliche Zusammenhänge, ich höre den Raumklang, wenn verschiedene Instrumente zusammenspielen, ich verstehe zeitliche Zusammenhänge, wenn eine Tonfolge für mich eine Melodie ergibt. Schließlich muss noch der Bereich, das Feld gesehen werden, in dem man alles verwirklichen will, das, was ich vorhin die materielle Grundlage genannt habe. Aus dem Sehen wird dabei durch Vergleiche ein geistiges Erkennen, worüber man sich mit allen anderen in der Gemeinschaft austauschen sollte. Ich sehe und erkenne bzw. unterscheide was oder wer sich zu welcher Zeit an welcher Stelle im Raum befindet. Dabei kann ich immer mehr erkennen, was etwas wirklich ist, obwohl es anders aussieht. Einerseits sind derartige Erkenntnisse von der Erfahrung abhängig, aber auch von der geistigen Reife. Ein dreijähriges Kind wird behaupten, nachdem es zuerst etwas für einen Schwamm gehalten hat, weil es so aussah, erklären, es sehe wie ein Stein aus, nachdem es gemerkt hat, dass es ein Stein und kein Schwamm ist. Es kann noch nicht begreifen, dass ein Stein wie ein Schwamm aussehen kann.

K: Allmählich erkenne ich eine Struktur und verschiedene Vergleiche von Strukturen in deinen Ausführungen: da sind zum einen die vier Bedingungen der Wirklichkeit bzw. die vier Ursachen von Aristoteles, nämlich die materielle Ursache, die formale Ursache, die Wirkursache und die finale oder Zweckursache. Um in der Realität etwas zu erreichen, braucht man einen Bereich in der Welt bzw. etwas **Materielles**, den oder das man bearbeiten kann, einen **formalen** Plan wie vorhin das Rezept, Mittel und Werkzeuge, mit denen man etwas **bewirken** kann, wie eine ausgestattete Küche und ein als lohnenswert beurteiltes Ziel, das einen **Zweck** erfüllt, beispielsweise den Hunger oder ein sonstiges Begehren auf möglichst genussvolle Weise zu stillen. Diese Struktur hast du mit den vier Sinnen Geschmack, der auch den Geruchssinn umfasst, Tast- und Spürsinn, Gehör- und Gesichtssinn verknüpft und mit deren geistigen Korrelaten des Urteilens, des Begreifens bzw. Erfassens, des Verstehens und des Erkennens.

H-P: Das lässt sich auch noch mit der emotionalen Ebene verbinden: wenn mein Geschmack getroffen wird, ist das lustvoll für mich. Das ist die Emotion der Lust. Werde ich aber frustriert, dann stinkt mir das, ich fühle mich überfordert und bekomme Wut. Hier liegt eine Kombination von Geschmacks- und Geruchssinn vor, die mit Lust und Wut, manchmal auch mit Schaffenswut verknüpft ist. Der Geruchssinn ist eine Erweiterung des Geschmackssinns, mithilfe dessen ich schon im Vorhinein riechen kann, ob mir etwas schmeckt oder nicht.

K: Das ist eine schöne Beschreibung, wie diese beiden Sinne zusammenhängen. Müsste man dann nicht das Urteilen noch unterteilen in ein Urteil über den Wert eines Ziels und in eines über die Wahrscheinlichkeit, es erreichen zu können?

H-P: Stimmt, und bei Aristoteles fehlt noch eine fünfte Ursache, nämlich die Einschätzung der Erfolgswahrscheinlichkeit, die Prognose.

K: Dann haben wir also überall die Zahl fünf.

H-P: Wenn ich begreife, dass mir die Mittel fehlen, fühle ich mich hilflos und bekomme Angst wie in der Wildnis ohne Waffen, misslingen alle meine Pläne, macht mich das hoffnungslos und traurig. Wenn ich überhaupt nichts erkenne, wo ich mich verwirklichen kann, fühle ich mich unzulänglich und schließlich wertlos. Alle fünf Emotionen, Sinne und entsprechende geistige Fähigkeiten entwickelt ein Kind jeweils auf den fünf Entwicklungsebenen nach Fonagy und anderen.

K: Entsprechend übertragen sich solche Emotionen dann auf Gemeinschaften. Trotzdem beleuchtet das Bisherige nur den individuellen Beitrag zur Entwicklung von Wissenschaft oder Kultur.

Vom Soziologischen her gibt es noch von Thomas S. Kuhn die Theorie der Paradigmenwechsel, die gesamtgesellschaftlich die Entwicklung von Wissenschaftsbereichen beschreibt, und Hans Küng hat diese Theorie etwas abgewandelt auf die Entwicklung der drei „abrahamischen" Religionen angewandt.

H-P: Kuhn ist vielfach kritisiert worden wegen seines etwas unpräzisen Paradigmenbegriffs. In Anlehnung an Aristoteles würde ich ein Paradigma so definieren: es ist ein Muster (1) eines definierten Wissensbereichs mit beschriebenen Elementen, (2) von Lösungsplänen für dort auftauchende Probleme, (3) von Mitteln und Werkzeugen, die in diesen Plänen eingesetzt werden, (4) von prognostischen Betrachtungen auch bezüglich unerwünschter Nebenwirkungen und (5) von Zwecken und Zielen, die als erstrebenswert erachtet werden. Auch Kuhns Begriff der Inkommensurabilität kann dann genauer gefasst werden: wenn zwei Paradigmen sich hinsichtlich ihres Wissensbereichs oder hinsichtlich ihrer Zwecke und Ziele unterscheiden, sind sie inkommensurabel.

K: Kannst du dafür ein Beispiel geben?

H-P: Kuhn selbst hat am Beispiel des Ptolemäischen und des Kopernikanischen Weltbilds die Inkommensurabilität demonstriert: im Ptolemäischen Weltbild waren Sonne, Mond, Jupiter, Venus usw. alles Planeten, im Kopernikanischen dagegen war die Sonne der Zentralstern, Erde, Jupiter, Venus usw. waren Planeten und der Mond ein Trabant. Insofern waren die Wissensbereiche und die in ihnen beschriebenen Elemente teilweise sehr verschieden. Messungen, Berechnungen und Voraussagen über die Bahnen der jeweiligen Elemente waren daher nicht vergleichbar. Auch gab es verschiedene Ziele, z.B. die Frage und Suche nach der Antwort, welchen Durchmesser die Erde hat, stellte sich nur im Kopernikanischen Weltbild, da sie nur hier als kugelförmiger Planet angenommen wurde.

K: Wie könnte man oder wie würdest du die Entwicklung der Wissenschaft und der Kultur generell beschreiben, gibt es da vielleicht gewisse Muster?

H-P: Wissenschaft ist ein Teil der Kultur und daher von der Entwicklung her nicht zu trennen von der kulturellen Entwicklung.

Und die kulturelle Entwicklung ist eine geistige Entwicklung, und hier gibt es ein Muster in der kindlichen Entwicklung, das sich kulturell und gesellschaftlich immer wieder wiederholen kann. In „Religion, Ökumene und Liebe" habe ich dies für verschiedene Religionen beschrieben, das sind ja typische geistige Strömungen, und dieses Muster der ersten vier bis fünf Lebensjahre eines Kindes habe ich ausführlich in „Dasein, um zu lieben", in „Rhythmus, Intuition und Liebe" und in „Liebe, Macht und Sexualität" dargestellt. In Bezug auf die Wissenschaft der Mathematik konnte ich dort zeigen, wie dieses Muster sich in der Entwicklung des Zahlenverständnisses niederschlägt und zuerst die beiden Zahlen 0 und 1 und am Ende sogar die komplexen Zahlen zugänglich macht, sowie in der Entwicklung der Geometrie von Räumen, die mit diskret-isolierten Orten beginnt und mit der affinen Geometrie endet.

K: Dann lass uns doch mal über dieses Muster der kindlichen Entwicklung diskutieren!

7. Die geistige Entwicklung von Kindern

H-P: Das Interessante und Besondere bei der Entwicklung von Kindern im Unterschied zu Entwicklungen in verschiedenen Kulturen und den Wissenschaften ist, dass sich hier Natur und von Menschen Gemachtes begegnen und kreuzen. In den Wissenschaften beispielsweise beobachten wir zuerst natürliche Prozesse, versuchen dann, einzugreifen und sie zu beeinflussen, um sie schließlich im Extremfall zu bekämpfen und zu beherrschen, um sie für unsere Zwecke nutzbar zu machen oder gar auszubeuten. Bei der Entwicklung von Kindern – wir betrachten hier nur die ersten vier bis fünf Lebensjahre – wollen zumindest verantwortungsvolle Eltern, die ihre Kinder lieben, diese so erziehen und damit in einen natürlichen Entwicklungsprozess eingreifen, dass sie ein glückliches bzw. geglücktes Leben führen können, mit dem sie selbst zufrieden sind.

K: Nach deinem Glauben an die Liebe, wäre das ja so, dass die Kinder immer mehr ihre Liebesfähigkeit entwickeln.

H-P: Nachdem ich mir die Theorie von Fonagy und anderen angeschaut habe, die ja auf empirischen Daten beruht, fiel mir auf, dass auf allen fünf Entwicklungsebenen, die einerseits erst nacheinander zugänglich werden, auf denen andererseits die Entwicklung niemals vollständig abgeschlossen ist, sich das Verständnis, wozu und worum willen wir da sind in dieser Welt, immer weiterentwickelt und immer echter und unmittelbarer wird. Das war für mich das Indiz, dass der von mir propagierte Glaube an die Liebe in unserem menschlichen Dasein verankert ist. Wir haben einerseits immer die Wahl, ob wir uns weiterentwickeln wollen oder nicht, wir werden aber andererseits immer wieder dazu aufgefordert, diesen Weg zu gehen.

K: Du hast ja dann noch Parallelen in anderen Kulturen entdeckt, die die Annahme nahelegen, dass dieses von Fonagy beschriebene geistige Entwicklungsmuster universal ist und bei allen Menschen und Kulturen vorkommt.

H-P: Ja, erst durch andere vermittelt und dann immer unmittelbarer entdecken Kinder selbst ihre Affekte, Empfindungen und Gefühle, insgesamt ihre Emotionen, sowie Haltungen, Einstellungen und Stimmungen, was man insgesamt als Dispositionen bezeichnet. Sie richten sich immer mehr nach moralischen Prinzipien der Leidminderung, der Fairness, der Rangfolge, der Treue und der Reinhaltung von Beziehungen, moralische Prinzipien, die nach Meinung vieler Ethnologen universal sind. Sie bekommen immer mehr ein Identitätsbewusstsein, indem sie immer besser mit dem Problem umgehen lernen, wie sie dieselben bleiben können, obwohl sie sich ständig ändern. Nishida, einer der Gründer der japanischen Kyoto-Schule, brachte dazu fünf Gegensatzpaare ins Spiel, deren Spannungen man aushalten und überwinden muss, um dieses Identitätsproblem zu lösen.

K: Und die Kinder lernen auf jeder der fünf Entwicklungsebenen den Umgang mit einem dieser Gegensätze. Damit haben wir, was die Universalität betrifft, schon drei unterschiedliche Zusammenhänge und Indizien gesammelt: die Theorie von englischen Klinikern und Psychoanalytikern, die Interpretation von Ethnologen über moralische Prinzipien in unterschiedlichen Völkern und Überlegungen innerhalb einer japanischen Philosophen-Schule.

H-P: Das wohl älteste Zeugnis kommt aus der griechischen Philosophie, denn die fünf dianoetischen oder Verstandestugenden von Aristoteles entwickeln Kinder ebenfalls nacheinander auf diesen fünf Entwicklungsebenen. Und wenn ich jetzt noch mit hinzunehme, dass sich die großen Weltreligionen, seien es prophetische wie Judentum, Christentum und Islam oder mystische wie Hinduismus und Buddhismus oder Weisheitsreligionen wie Daoismus und Konfuzianismus, nach demselben Muster entwickelt haben, wie ich in „Religion, Ökumene und Liebe" beschrieben habe, dann kann ich die Universalität dieses Musters nicht mehr leugnen.

K: Beweisen kann man Muster nicht im streng wissenschaftlichen Sinn. Dieses Entwicklungsmuster liegt nahe, scheint vernünftig, und es lässt sich vieles darin einordnen und beschreiben, d.h. man kann gut damit arbeiten. Außerdem heißt deine Behauptung ja nicht, dass es das einzige Muster bzw. die einzige Art der Interpretation dieser Entwicklungen darstellt. Kannst du vielleicht noch etwas genauer darlegen, inwiefern sich Natur und das besonders Menschliche bei der Entwicklung von Kindern kreuzen bzw. vermischen und wodurch sich dabei Menschen von anderen Lebewesen in der Natur unterscheiden?

H-P: Auf den fünf Entwicklungsebenen nach Fonagy lernen Kinder jeweils auf fünf verschiedene Arten, nämlich zuerst durch Prägung wie die frisch geschlüpften Gänseküken von Lorenz, dann durch Gewöhnung oder Habituation auf Fach-Chinesisch, weiter durch klassische Konditionierung wie der Pawlowsche Hund, durch operante Konditionierung wie bei Skinner, der den Tauben den Rückenflug antrainierte, und schließlich durch Modell-Lernen, das auch bei Affen vorkommt.

K: Wenn das bei Gänsen, Hunden, Tauben und Affen funktioniert, dann kommt das also auch in der Natur vor.

H-P: Richtig, und das ist daher etwas Natürliches bei der kindlichen Entwicklung. Auf den fünf Entwicklungsebenen nach Fonagy, denen man die fünf geistigen Funktionen des Urteilens im Zusammenhang mit dem Geschmackssinn, des Vermutens mit dem Geruchssinn, des Begreifens und Erfassens mit dem Tastsinn, des Verstehens mit dem Gehörsinn und des Erkennens mit dem Gesichtssinn findet die Ausbildung dieser schon ursprünglich vorhandenen Funktionen über diese Arten des Lernens statt.

K: Also das Urteilen zumindest anfänglich durch prägende Erfahrungen, das Vermuten anfänglich durch Gewöhnung, das Begreifen erst einmal durch klassische Konditionierung, das Verstehen zuerst durch operante Konditionierung und das Erkennen vor allem durch Modelllernen an Beispielen. Ein dreijähriges Kind kann noch nicht erkennen, dass Sein und Schein verschieden sein können, wie das Beispiel mit dem Stein und dem Schwamm von vorhin zeigt. An diesem Beispiel kann erst ein vierjähriges Kind erkennen, dass nicht alles so ist, wie es aussieht, da es an entsprechenden Beispielen und Modellen lernen kann. Ein einjähriges Kind, das gerade Laufen gelernt hat, fällt immer wieder über dasselbe Hindernis, weil es die Konsequenzen seines Handelns noch nicht verstehen kann wie ein dreijähriges, das operante Konditionieren funktioniert noch nicht. Ein dreimonatiges Kind reagiert noch nicht auf seinen Namen, weil es nicht begreifen kann wie ein einjähriges, welches durch klassische Konditionierung gelernt hat, dass sich jemand ihm auf solche Weise zuwendet, und ein Neugeborenes vermutet nicht, dass aus der Mutterbrust Milch kommt, woran sich ein dreimonatiges Kind schon gewöhnt hat. Die Lust beim Schmecken der Muttermilch, die schon ein Neugeborenes beruhigt, ist schon geprägt durch den Geschmack des Fruchtwassers im Uterus der Mutter.

H-P: Das sind schöne Beispiele wie Kinder lernen, ohne dass Eltern bewusst eingreifen müssen. Wir Menschen aber lernen und lehren auch absichtlich. Vieles bringen wir unseren Kindern unabsichtlich bei und wissen noch nicht einmal, dass wir das getan haben. Da gleichen wir durchaus den Affen. Sobald wir aber wissen, wie wir jemandem etwas vermitteln oder wie wir uns selbst etwas beibringen können, wenden wir die entsprechende Lehr- oder Lerntechnik auch an.

K: Gibt es noch mehr Beispiele, wie sich Menschen von Tieren unterscheiden?

H-P: Menschen und viele Tiere können Kontingenzen entdecken und entwickeln so geistige Fähigkeiten durch Vergleiche von Sinneswahrnehmungen, also z.B. die Fähigkeit des Erkennens durch Vergleiche von Seh-Eindrücken, was wir früher schon einmal besprochen haben. Auf diese Weise können Tiere wie Menschen sich Begriffe bilden, aber Menschen können viel größere Begriffe kreieren, mit denen sie viel größere Mengen von Objekten bezeichnen, und sie können Oberbegriffe über viele Ebenen hinweg konstruieren, sodass sich Ordnungssysteme nach bestimmten Kriterien entwickeln wie z.B. die Taxonomie von Linné in der Biologie.

K: Im Fernsehen habe ich einmal Experimente gesehen, bei denen kleine Kinder sich gegenseitig geholfen haben, auch wenn eines der beiden keinen Vorteil dadurch hatte. Beim entsprechenden Versuch mit Affen, gab es eine derartig selbstlose Hilfe nicht. Wie erklärst du dir das?

H-P: Einerseits sehe ich darin ein weiteres Indiz, das für meinen Glauben an die Liebe spricht, andererseits zeigen solche Experimente, dass das Zusammengehörigkeitsgefühl zwischen Menschen viel intensiver werden kann, als das bei Tieren möglich ist. Es gibt dazu ein Gedankenexperiment, dass, wenn man ein Flugzeug mit 300 Schimpansen an Bord nach New York fliegen lässt, nur noch 50 lebend ankommen. Das ist nämlich die Maximalgröße einer Schimpansen-Horde.

K: Gibt es eigentlich auch unabhängig von uns Menschen Anzeichen dafür, dass dein Glaube an die Liebe sogar in der Natur bzw. in der Evolution verankert ist?

8. Liebe in Natur und Evolution

H-P: Zu diesem Thema gibt es zwei Bücher, die ich kenne, und zwar einmal von Gerald Hüther „Die Evolution der Liebe" und von mir „Natur und Liebe".

K: Gerald Hüther wird wahrscheinlich Liebe anders definiert haben als du.

H-P: Stimmt, er operationalisiert Liebe so, dass er sagt, wenn Lebewesen zusammen etwas machen, was sie allein jeweils nicht können, dann definiert er das als Zeichen dafür, dass da etwas ist, aus dem sich immer mehr das entwickeln kann, was wir normalerweise unter Liebe verstehen. Hannah Arendt schreibt über Liebe: „Sie ist die Macht des Lebens und garantiert seinen Fortgang gegen den Tod." Wenn also schon in der Tierwelt sich immer mehr gemeinsames Handeln entwickelt, was ja insofern den Fortgang des Lebens gegen den Tod garantiert, so ist hier tatsächlich die Liebe immer besser erkennbar.

K: Dann ist es also kein Wunder, dass sich die Liebe mit dem Leben entwickelt. Das ist ganz natürlich.

H-P: Bei uns Menschen scheint es etwas zu geben, was auch bei Tieren, also in der Natur vorkommt, was bei uns aber eine derart große Ausprägung erreicht hat, die es sonst nicht gibt. Nach Fonagy und anderen beruhen die ersten Schritte der mentalen Entwicklung von Kindern auf einem Kontingenzentdeckungsmechanismus, von dem sie vermuten, dass er angeboren ist. Ich würde an dieser Stelle postulieren, dass es eine von vornherein gegebene Fähigkeit gibt – Kant würde sagen, eine a priori vorhandene Fähigkeit – Kontingenzen zu entdecken. Es ist die Fähigkeit, eine Verbindung zwischen verschiedenen Sinneseindrücken und dadurch eine Einheit herzustellen.

K: Könnte man sagen, dass wir Menschen einen extrem ausgeprägten Drang besitzen, alles zu verbinden und eine Einheit herzustellen? Und deswegen helfen wir manchmal ganz selbstlos, können sehr große Gemeinschaften und riesengroße Ordnungssysteme bilden und wollen, dass alle anderen dieselben Erkenntnisse bekommen und an dasselbe glauben wie wir?

H-P: Genau, und in geringerer Ausprägung gibt es das schon in der Natur, wenn manche Raubtiere sich gegenseitig beim Jagen helfen, wenn Tiere Herden, Horden, Rudel, Schwärme oder Staaten wie manche Insekten bilden. Von daher ist das Postulat vernünftig, dass es in der Natur ein Bestreben zur Einheit gibt, das von Anfang an mit dem Leben da war. Von den ursprünglichsten Lebensformen hat es sich bis zum Menschen immer weiterentwickelt und bei uns einen Höhepunkt erreicht.

K: Du hast jetzt schon zweimal vom Postulieren gesprochen. Ist ein Postulat dasselbe wie ein Axiom?

H-P: Nein, das Gemeinsame ist zwar, dass beides nicht bewiesen werden kann, ein Axiom aber erscheint uns evident und ist eine Vorannahme, auf der wir Theorien aufbauen, während ein Postulat uns notwendig erscheint, um im Nachhinein bestimmte Phänomene verstehen und erklären zu können. Die Mathematik arbeitet mit Axiomen, auf denen Theorien aufgebaut werden, die Philosophie arbeitet mit Postulaten, mit denen sie alles Mögliche verstehen oder erklären will. Wenn Philosophen staunen und sich wundern, wollen sie verstehen, wenn sie aber andere zum Staunen bringen wollen, dann erklären sie.

K: Das Streben nach Einheit, also die Annahme oder der Glaube, dass das hinter allem steckt, erscheint dir notwendig, um die Evolution der Liebe selbst zu verstehen und anderen dann zu erklären.

H-P: Es ist aber noch nicht hinreichend, denn es erklärt nicht die verschiedenen Wachstums- und Vervielfältigungsprozesse, kurz die Entwicklung, die Entfaltung bzw. die Evolution. Das zweite Postulat sollte lauten, dass es ein Streben nach Vielheit oder Wachstum gibt. Zusammen haben wir dann ein Streben nach Einheit in der Vielheit und nach Vielheit in der Einheit.

K: Das hört sich so ostasiatisch an.

H-P: Wenn du das googelst, stößt du zuerst auf Leibniz, aber die Frage nach dem Verhältnis von Einheit und Vielheit haben sich die meisten Philosophen schon gestellt. Das kommt nicht nur im Hinduismus und im Buddhismus vor. In „Natur und Liebe" schildere ich, dass Wachstumsprozesse nach einer gewissen Zeit zu

Problemen führen, die durch eine neue Ordnung gelöst werden, sodass eine Harmonie erzeugt wird, die mehr Wachstum erlaubt, die
bald wieder eine höhere Ordnung braucht usw. Mehr Wachstum
und mehr Ordnung stehen so in Wechselwirkung. Dasselbe kann
man von Einheit und Vielheit sagen.

    K: Lass uns doch noch einmal auf das Thema des Glaubens
kommen. Zum einen bilden wir Hypothesen und glauben, dass wir
sie bald beweisen oder widerlegen können. Je mehr Indizien für die
Hypothese sprechen, desto wahrscheinlicher erscheint uns diese,
aber ein Gegenbeispiel lässt uns die Hypothese verwerfen oder entsprechend einschränken. Auf diese Weise können wir immer mehr
wissen. Zum andern **glauben** wir etwas, was wir nicht beweisen
können, was uns aber notwendig erscheint, um das, was wir erleben, zu verstehen und uns und anderen erklären zu können. Wie
können wir diese beiden Bereiche immer besser unterscheiden,
den Bereich der Wissenschaft, bei dem ein bedingter Glaube eine
Rolle spielt, und den Bereich des unbedingten Glaubens, dort, wo
sich Religion und Philosophie begegnen.

9. Kant und seine drei Kritiken

H-P: Ich glaube, jetzt sind wir bei der ersten Frage von Kant, was wir wissen können und was nicht. Ich möchte dich an dieser Stelle vorwarnen. Es wird jetzt sehr philosophisch. Kant ist wirklich schwere Kost und seine drei Kritiken, die der reinen Vernunft, der praktischen Vernunft und der Urteilskraft sind schwer zu lesen und zu verstehen. Das können nur ganz intelligente Menschen. Ich hoffe, ich kann dir Kants Gedanken einigermaßen verständlich erklären. Bist du bereit, und „hast du schon zur Nacht gebetet", „have you prayed tonight, Desdemona"?

K: Okay, jetzt hast du genug angegeben, schieß los. So dramatisch wie bei Othello wird es hoffentlich nicht werden. Ich nehme nicht an, dass du mich mit Kant umbringen willst, so, wie Othello seine geliebte Frau Desdemona erdrosselt hat. Also, was meint Kant und was sagst du dazu?

H-P: Wenn wir eine Meinung haben, Kant nennt es Urteil, dann kann dies entweder unmittelbar von uns selbst stammen, oder aber von Erfahrungen kommen, die wir oder andere gemacht haben. Statt unmittelbar bzw. nicht durch Erfahrungen vermittelt sagt Kant, dass dies a priori sei. Damit postuliert er, dass es so etwas Unvermitteltes überhaupt gibt. Das einzig unvermittelte, das wir nach Fonagy und anderen von Anfang an haben, ist unsere Kontingenzentdeckungsfähigkeit, die ich vorhin erwähnt habe und die sich mithilfe des Postulats des Strebens nach Einheit und Wachstum verstehen und erklären lässt. Das Streben nach Wachstum und Vielheit lässt sich nach drei Monaten schon bei Kindern erahnen, wenn sie mehr an fast perfektem Spiegeln oder Nachahmen von anderen interessiert sind als an perfektem. Dadurch entdeckt sich ein Kind zuerst als physischer Akteur, dann als sozialer, teleologischer, intentionaler und schließlich als repräsentationaler Akteur. Parallel dazu entwickelt sich ein Zeit-, Zahlen- und Raumverständnis, wie ich in „Dasein, um zu lieben" beschrieben habe. Kinder lernen so, ihre sinnlichen Erfahrungen räumlich und zeitlich immer besser einzuordnen. Damit haben sie mit Raum und Zeit laut Kant die notwendigen und allgemeingültigen Bedingungen sinnlicher Erfahrung entwickelt. Dabei hängt das Zahlenverständnis sowohl mit dem Verständnis für Zeit als auch für den Raum zusammen, sodass mit den komplexen Zahlen, die sie so abstrakt natürlich noch nicht verstehen können, sich ihnen die Möglichkeit eröffnet, die Zeit wie Heidegger zu „verräumlichen" und die Grenzen von Vergangenheit und Zukunft sich wie Horizonte vorzustellen, bis zu denen sie „sehen" können.

K: Das ist mir alles viel zu kompliziert. Geht das nicht auch einfacher darzustellen?

H-P: Mithilfe der Kontingenzentdeckung – die Fähigkeit dazu ist unvermittelt jedem von Anfang an gegeben – entwickelt sich bei uns in den ersten vier bis fünf Lebensjahren ein Verständnis für Raum und Zeit und für den Zusammenhang von Raum und Zeit. Genaueres kannst du bei „Dasein, um zu lieben" nachlesen.

K: Okay, und weil das Bedingungen sinnlicher Erfahrung sind, können Kinder raumzeitliche Zusammenhänge herstellen, oder?

H-P: Nein, noch nicht. Um das zu verstehen, um ein Verständnis für Situationen zu bekommen, wo etwas herkommt, wo genau sie angekommen sind und was noch auf sie zukommen kann, brauchen sie noch etwas, was a priori im Verstand gegeben sein muss laut Kant, nämlich seine zwölf Kategorien des Verstandes, wovon die Kausalität als Verstandesbegriff für ihn die wichtigste ist. Damit lässt sich nämlich verstehen, wo etwas herkommt, wo man angekommen ist und was noch auf einen zukommen kann.

K: Und was meinst du dazu?

H-P: In „Dasein, um zu lieben" konnte ich zeigen, dass Kinder auf jeder der fünf Entwicklungsebenen nach Fonagy und anderen je eine der fünf dianoetischen bzw. Verstandestugenden von Aristoteles anfangen zu entwickeln. Da Kant bei seinen Verstandeskategorien auf Aristoteles und dessen traditionelle Klassifikation der Urteile bzw. Meinungen zurückgreift, sollten Kant und ich uns in diesem Punkt nicht wesentlich unterscheiden. Gemeinsam bei uns beiden ist, dass diese Schemata des Verstehens nicht in den Dingen selbst sind, sie sind nicht ontologisch, wie die Philosophen sagen, sondern sind reine Verstandesbegriffe, also erkenntnistheoretisch. Es sind Funktionen des Verstandes, die wir je nach Fähigkeit angemessen oder unangemessen benutzen. Unangemessen bedeutet hier, dass die dadurch gewonnene Erkenntnis über bestimmte Zusammenhänge sich als falsch herausstellt.

K: Das Ganze entwickelt sich alles aus der a priori gegebenen Fähigkeit, Kontingenzen zu entdecken, wobei Kontingenz ja das Zusammenfallen von Ereignissen in Raum und Zeit bedeutet. Wir haben also wie bei Kant von vorneherein Raum und Zeit, und die Art, wie wir das Zusammenfallen kategorisieren, ergibt sich dann aus den Verstandeskategorien oder -begriffen.

H-P: Stimmt. Insofern haben wir Kant bis hierhin nur durch Betrachtungen über die Entwicklung von Kindern veranschaulicht oder vielleicht etwas deutlicher in der menschlichen Natur verankert. Dies alles liegt in unserer Natur a priori schon vor. Mithilfe von Erfahrungen entwickeln wir dieses Apriori nur noch weiter und passen es den Gegebenheiten, in denen wir leben, immer besser an. Die Begriffe Raum und Zeit sind uns a priori durch den Gehörsinn vermittelt, denn wir hören räumlich bzw. in Stereo, sodass sich uns die drei räumlichen Dimensionen links-rechts, vorne-hinten und oben-unten durch Drehen des Kopfes vertikal und horizontal erschließen. Im Zusammenhang mit dem Gehörsinn verwenden wir auch das Verb „verstehen", und „stehen" ist ein räumlicher Begriff. Wir hören auch verschiedene Abfolgen von Geräuschen, wir nehmen eines nach dem anderen auf, und so vernehmen wir zeitliche Zusammenhänge, also die Zeit. Melodien und Rhythmen sind Beispiele dafür. Der Gesichtssinn dagegen vermittelt uns Kategorien, wie z.B. die Kausalität. Wir sehen einen Stein ins Wasser fallen, und kategorisieren den anschließenden Spritzer und die Wellen, die wir sehen, als Wirkung und das Fallen des Steines ins Wasser als deren Ursache.

K: Unser Verstand und unsere Erfahrungen passen sich immer besser aneinander an, statt gegeneinander zu stehen. Das gilt zumindest für eine störungsfreie kindliche Entwicklung, wie sie bei Fonagy und anderen beschrieben ist.

H-P: Zu den Grenzen unserer Erkenntnisfähigkeit meint nun Kant, dass die Quellen unserer Erkenntnis unser Verstand und unsere Sinneseindrücke sind. Bezüglich unserer Sinneseindrücke postuliert er, dass es Dinge an sich geben muss, von denen diese Eindrücke kommen, dass wir aber von ihnen nichts anderes wissen und auch prinzipiell wissen können, als dass sie diese Eindrücke bei uns machen. Die Dinge an sich nennt er noumenal, sodass hier drei Bereiche aufeinandertreffen: 1. das Noumenale, 2. das uns über die Sinne Erscheinende oder das Phänomenale und 3. das uns a priori oder unmittelbar Gegebene. Erstaunlich ist dabei, wie Kant meint, dass die Gesetzmäßigkeiten bzw. Zusammenhänge, die wir theoretisch bzw. wissenschaftlich mithilfe der Verstandeskategorien in Raum und Zeit, also im Phänomenalen gewonnen haben, mit der Erfahrung übereinstimmen. Es scheint so, als richteten sich die Erscheinungen, die Phänomene, nach unseren apriorischen Verstandeskategorien und nach Raum und Zeit. Das sagt aber nichts aus über das Noumenale, über die Dinge an sich.

K: Über das Noumenale kann ich gar nichts wissen, außer dass es zu jedem Zeitpunkt eine Abbildung von einem Teilbereich des Noumenalen auf das Phänomenale gibt. Manche Noumenona verursachen zu bestimmten Zeiten Erscheinungen, Phänomene. Alles Phänomenale hat ein Urbild, und zwar etwas Noumenales. Nicht jedes Noumenon erzeugt sinnlich Wahrnehmbares, aber wenn dies sinnlich wahrnehmbar ist, dann haben wir ein Phänomen. Das ist zumindest so gemäß dem Postulat von Kant. Der Mathematiker würde sagen, dass diese Abbildung surjektiv, aber nicht unbedingt injektiv ist, d.h. zwei verschiedene Noumenona können als Bild dasselbe Phänomen haben. Und weil diese Abbildung nicht injektiv ist, kann einer Relation, die zwischen zwei Phänomenen besteht, nicht unbedingt eine Relation im Noumenalen entsprechen: wenn aus Phänomen A Phänomen B folgt, dann kann aus einem der Urbilder von A eines der Urbilder von B folgen, aber ich weiß nicht welches, wenn es verschiedene Urbilder von B gibt. Von daher kann ich niemals wissen, ob im Noumenalen Kausalität herrscht.

H-P: So gut, wie du das erklärst, scheinst du der Mathematiker von uns zu sein. Was wir also wissen können, gibt es nur im

Phänomenalen und ein beobachteter Zusammenhang muss sich als Hypothese immer wieder an der Erfahrung, also empirisch prüfen lassen. Genau können wir eigentlich nur etwas wissen, wenn wir eine Hypothese widerlegt haben. Dann wissen wir wenigstens, dass der vermutete Zusammenhang nicht oder nicht immer besteht. Sicher ist also nur das negative Wissen, wie etwas nicht ist. Interessant und für Kant erstaunlich ist, dass wir Menschen in diesem Wissen derart übereinstimmen. Für uns alle scheinen die Noumenona sinnliche Eindrücke zu machen, die uns zu demselben Wissen führen. Dabei erleben Menschen bei denselben phänomenalen Ereignissen durchaus Verschiedenes.

K: Darauf machte Henri Bergson aufmerksam, dass jeder die Farbe Rot z.B. anders erlebt, und sogar der Einzelne in zwei Momenten verschieden. Und doch können sich alle darüber verständigen, wann sie gemeinsam etwas als rot bezeichnen.

H-P: Ein ähnliches Erstaunen finden wir bei Wittgenstein, der sich darüber wundert, dass es bei der menschlichen Sprache so große Übereinstimmung gibt, dass es im Vergleich zu deren Komplexität kaum Missverständnisse gibt und für jeden klar ist, wann etwas die Farbe Rot hat. Insofern scheinen wir vom Phänomenalen alle das gleiche Verständnis zu haben. Unter uns Menschen sind zumindest die streng wissenschaftlichen Erkenntnisse allgemeingültig für alle und ohne Alternativen, in diesem Sinne also notwendig.

K: Wie geht es nun weiter bei Kant? Ich habe gehört, er wollte zum Glauben Platz bekommen, indem er aufwies, was wir nicht wissen können.

H-P: Stimmt, und er wollte uns auf typische Denkfehler aufmerksam machen, vor allem auf den, dass wir Ideen mit Realem bzw. mit Phänomenen verwechseln. Er nannte das „hypostasieren".

K: Jetzt spann´ mich nicht so auf die Folter!

H-P: Okay. Kant hatte ja das Problem, inwiefern seine Kategorien bzw. Begriffe überhaupt irgendeine objektive Tragweite haben. Bei mir ist das kein Problem, weil in meiner Theorie Begriffe aufgrund von Kontingenzen von Erwachsenen an Kinder weitergegeben werden. Wenn ein Kind oft genug hört, wie Erwachsene bei verschiedenen Gelegenheiten „Tisch" sagen, hat sich bei ihm der Begriff Tisch als einheitliche Zusammenfassung dieser begegnenden Geschehnisse gebildet, unter dem es dann immer mehr Gegenstände als Tische subsummiert. Die Bedeutung von „Tisch" erschließt sich dem Kind durch dessen Gebrauch, und auf diese Weise bildet es bald auch selbst Begriffe. Wittgenstein hat das zum erstenmal so formuliert: „Die Bedeutung eines Wortes ist sein Gebrauch." Der Begriff des Tisches ist zwar ein phänomenaler Begriff. Ihm liegen Phänomene zugrunde, die zu einer Einheit zusammengefasst sind in einem Begriff. Aber „Tisch" als phänomenaler Begriff ist kein Phänomen, sondern eine Idee. Kant musste daher bei der Begriffsbildung das Streben nach Einheit bemühen, was auch ich postuliert habe, und es als a priori, also von vorneherein annehmen, sodass wir danach streben, beim Denken Einheiten zu konstituieren. Einheiten sind nicht gegeben, und wir konstituieren sie auch nicht, ohne zu denken. Sie sind nur unserem Denken als Aufforderung vorgegeben, eine Aufgabe. Kinder denken sich etwas dabei, wenn sie bei bestimmten Gegenständen von Erwachsenen immer wieder das Wort „Tisch" hören, und so folgen sie einer impliziten Aufforderung, die sich bei ihnen aufgrund der Kontingenzentdeckungsfähigkeit regt, und konstituieren den für diese Gegenstände einheitlichen Begriff des Tisches. Indem Kant über dieses Phänomen nachdachte, kamen ihm drei wichtige Begriffe bzw. Ideen in den Sinn, die wir ebenfalls in dem Bestreben nach Einheit bilden, und zwar die Idee der Seele als Gesamtheit aller inneren Regungen eines Menschen, die Idee der Welt als Gesamtheit von allem, was uns und anderen begegnet, und die Idee von Gott, der die Gesamtheit von allem gibt, was auf alle Menschen wirkt, der sie wirksam sein lässt und ihnen Möglichkeiten der Entfaltung und Entwicklung zur Verfügung stellt. Übrigens, wenn wir hier weiterdenken kommen wir zum „Gestell" vom späten Heidegger.

K: Die drei Aufgaben, nämlich die, diese drei Ideen mit Sinn zu füllen, sie zu sinnvollen Aufgaben zu machen, hören sich irgendwie vernünftig an. Es scheint etwas zu geben, was irgendwie zu uns gehört und du als Streben nach Einheit bezeichnet hast, wodurch

sich diese drei Aufgaben stellen, die man so zu einer Aufgabe zusammenfassen kann – ich habe nämlich auch so einen Drang nach
Vereinheitlichung – : wie können wir Menschen möglichst alle zusammen in dem raumzeitlichen Zusammenhang zwischen jeweils
unserer Geburt und unserem Tod insgesamt erkennen, verstehen,
begreifen und erfassen, vermuten und beurteilen, wozu und worum willen bestimmte Phänomene, nämlich unsere Regungen, die
uns von der Idee der Seele her zusammengefasst vorkommen, mit
dem interagieren, was uns von der Idee der Welt her als begeg-
nende Phänomene vorkommen, und zwar auf eine Weise interagieren, die uns durch „Etwas" ermöglicht wird, was uns von der Idee
Gottes her als Sein Wirken vorkommt.

H-P: Wenn uns ein Phänomen von der Idee her als etwas
vorkommt, dann heißt das, dass wir dieses Phänomen als etwas
einordnen, was zu der von der Idee her bestimmten Kategorie gehört. An dieser Stelle stoßen wir auf ein Problem bei Kant: in seine
zwölf Kategorien passen derart wandelbare und sich entwickelnde
Phänomene wie die, die wir unter den Ideen der Seele, der Welt
und Gottes zusammengefasst haben, nicht hinein. Heidegger
führte daher neben den Kategorien von Kant sogenannte Existentialien ein, die anstelle der Kategorien auf das menschliche Dasein
angewendet werden sollten, also auf alle Phänomene, die lebendig
mit uns Menschen direkt zu tun haben. Nach Kant aber bewegt sich
Heidegger mit seinen Existentialien im Noumenalen, d.h. über Existentialien können wir überhaupt nichts wissen. Aber bleiben wir
noch einmal bei den Ideen und ihrem Verhältnis zu den Phänomenen.

K: Du meinst jetzt die Ideen der Seele, der Welt und der
Idee von Gott?

H-P: Ja. Was können wir über die Seele wissen? Ist sie sterblich oder unsterblich, bleibt sie dieselbe oder ändert sie sich, ist sie
im Körperlichen, im Physischen gefangen, oder beherrscht sie den
Körper, ist es Zufall, oder steckt etwas Wesentliches dahinter, dass
meine Seele gerade hier und jetzt mit diesen anderen und in diesem Körper und Umfeld da ist? Wenn wir über diese Fragen nachdenken, ist es wichtig zu beachten, dass die Seele eine Idee und

kein Phänomen ist. Sie ist keine sinnliche Erfahrung, wir erschließen sie nur aus verschiedenen sinnlichen Erfahrungen, d.h. sie kann etwas Noumenalem entsprechen, aber wir können niemals wissen, ob das so ist.

K: Wenn sie keinem Noumenon entspricht, dann haben die Fragen keinen Sinn.

H-P: Nun ja, es gibt ja bei den verschiedenen Regungen, die wir bei uns sinnlich wahrnehmen, schon Entsprechungen bzw. Urbilder im Noumenalen. Daher kann es sein, dass die Seele nur eine Idee ist, der kein Noumenon entspricht, aber es muss zumindest verschiedene Seelenteile geben, die Urbilder im Noumenalen besitzen. Für diese Teile kann es sein, dass manche sterblich und manche unsterblich sind, dass manche dieselben bleiben und manche sich verändern usw. Alles kann sein, wir können es aber nicht wissen. Allerdings gilt für alle Phänomene, dass sie irgendwann aufhören zu existieren, deine und meine Regungen hören irgendwann einmal auf, sich zu regen. Folglich sind alle Seelenanteile als Phänomene und damit die Seele insgesamt sterblich. Andererseits kann ein Urbild der Seele, wenn es das gibt, oder Urbilder von Seelenanteilen im Noumenalen unsterblich sein, dann wäre die Seele oder etwas von ihr unsterblich, auch wenn es nicht mehr in Erscheinung tritt, kein Phänomen mehr ist. Bei den anderen Fragen zur Seele, die für Kant allerdings nicht so wichtig waren, findest du entsprechende Antworten.

K: Und wie ist es mit der Welt? Kant stellte doch hier vier Antinomien auf: 1. Die Welt ist endlich, oder: sie ist unendlich – Kant meint dies räumlich. 2. Sie ist aus einfachen Elementen zusammengesetzt, oder: sie besteht aus bis ins Unendliche teilbare Materie. 3. Sie ist völlig kausal determiniert, oder: es gibt die Möglichkeit, frei zu handeln. 4. Alles in der Welt ist zufällig, oder: es gibt auch etwas Notwendiges.

H-P: Kant argumentiert bei den ersten beiden Punkten, dass Welt eine Idee ist, die nichts Räumliches an sich hat. Wir nehmen zwar Phänomene sinnlich und räumlich wahr, die wir als zur Welt gehörig denken. Wir denken die Welt, aber sie hat nirgendwo einen Ort, genauso wenig wie Gedanken einen Ort haben. Die Phänomene haben einen Ort, aber die Welt selbst hat keinen Ort. Der Raum als ursprüngliche Denkform ist immer auf mich oder einen anderen Menschen bezogen. Das entspricht dem Nullpunkt in der euklidischen Geometrie. Da alle Menschen, auch ich, aber selbst als Phänomen zur Welt gehören, habe ich für die Idee der Welt keinen Bezugspunkt, keinen Nullpunkt, und die Denkform des Raums ist nicht anwendbar. Von daher sind beide Aussagen der ersten beiden Antinomien falsch, weil sie sich auf die Denkform des Raumes beziehen und somit falsch formuliert sind. „Endlich" und „unendlich", sowie „Materie", ob aus unteilbaren Elementen zusammengesetzt oder unendlich teilbar, betreffen die Ausdehnung und sind daher räumlich.

K: Und was ist mit den beiden anderen Antinomien?

H-P: Da alles, was uns in der Welt begegnet, ein Phänomen und als solches kausal determiniert ist, folgt logisch, dass die Welt kausal determiniert ist. Wenn die Welt aber eine Idee des Noumenalen ist und keine Phänomene betrifft, was wir nicht ausschließen können, dann ist diese möglicherweise nicht dem Gesetz der Kausalität unterworfen. Folglich sind in der Welt freie Handlungen möglich.

K: Dann können also beide Aussagen stimmen.

H-P: Das gilt auch für die letzte Antinomie, denn alle Phänomene sind zufällig, d.h. einerseits ist alles in der Welt zufällig, wenn allerdings die Welt keine Phänomene betrifft, sondern Noumenona, kann man nicht ausschließen, dass es etwas Notwendiges gibt. Es kann nur kein Phänomen sein, es erscheint uns nicht, wir können keine Erfahrungen damit machen.

K: Jetzt fehlt nur noch die Idee von Gott.

H-P: Dabei geht es Kant nur darum, alle Gottesbeweise zu widerlegen. Gott ist kein möglicher Gegenstand der Erkenntnis, kein Phänomen, sondern als Idee regulativ für unser Erkenntnisvermögen. Wirkungen und Möglichkeiten unseres Handelns könnten uns von einer höheren Macht bzw. von Gott gegeben sein. Das kann z.B. unser Erkenntnisvermögen in der Hinsicht regulieren, dass wir bescheiden bleiben und nicht größenwahnsinnig werden.

K: Insofern ist die Idee Gottes ziemlich vernünftig.

H-P: Richtig, aber wir können prinzipiell seine Existenz weder beweisen noch widerlegen.

K: Du hast noch gar nichts dazu gesagt, dass ich die drei Ideen von Kant vernünftig genannt habe. Außerdem habe ich dir vorhin eine großartige Vorlage gegeben, dass du deine Definition der Utopie der vollkommenen Liebe anbringen kannst. Ich fühle mich total verkannt von dir.

H-P: Oh, entschuldige, dass ich dich in deiner Seele verletzt habe! Wir sind ja darum willen da, dass wir uns gegenseitig darin unterstützen, immer mehr den Sinn unseres Lebens zu verstehen, oder das zu verstehen, was du vorhin so großartig formuliert hast. Insofern danke ich dir für deine entsprechende Unterstützung.

K: Bitte, da nicht für.

H-P: Die drei Ideen Kants bzw. deine wunderbare Zusammenfassung ist insofern vernünftig, dass man aus dem Streben nach Einheit, je mehr man danach fragt und auf die Antworten hört, vernehmen kann, dass diese Ideen sich sinnvoll daraus ergeben. Wie schon des Öfteren erwähnt, kommt Vernunft ja von vernehmen. Daraus lässt sich tatsächlich ableiten, dass es vernünftig ist anzunehmen, dass uns Menschen insgesamt die Aufgabe vorgegeben ist, immer mehr möglichst echt und unmittelbar zu verstehen, wozu und worum willen wir in der Welt sind, d.h. wir sollen unsere Liebesfähigkeit immer weiterentwickeln. Mit dieser Idee, diesem Glauben an die Liebe, der letztlich aus dem Postulat abgeleitet ist, dass es in jedem Menschen ein ursprüngliches Streben nach Einheit und Vielheit oder Wachstum gibt, welches, wie schon besprochen, der gesamten Natur und ihrer Evolution zugrunde liegt, wird auch ein Widerspruch zwischen Kant und Augustinus gelöst.

K: Ja, ich erinnere mich. Augustinus sagte: „Liebe und tue, was du willst." Dagegen meint Kant, dass man sich für das Gute absolut entscheiden muss. Wenn man bei Augustin die vollkommene Liebe einsetzt, was natürlich eine Utopie ist, dann hat man sich schon absolut für das Gute entschieden, was natürlich genauso eine Utopie ist. „Absolut", also von allem losgelöst, gibt es für uns Menschen nicht. Allerdings sind wir jetzt über die Liebe bei der zweiten Kritik von Kant angelangt, der Kritik der praktischen Vernunft, bei der es um die Frage geht, was wir tun sollen. Für dich bzw. von deiner Theorie her ist die Frage schon beantwortet, jeder soll danach streben, dass wir gemeinsam unsere Liebesfähigkeit immer weiter verbessern und entwickeln. Daraus ergeben sich dann alle Handlungen, die immer Handlungen der Liebe sein sollten, wie du sie in deinem neuesten Buch dargelegt hast.

H-P: Danke, dass du Werbung für mich machst. Für Kant stellt sich nun die Frage, ob es etwas ursprünglich Vorgegebenes, also wieder etwas a priori gibt, was unser Handeln leiten kann bzw. woraus sich ergibt, was wir tun sollen. Wir treffen moralische Entscheidungen, und Kant fragt nun, unter welchen ursprünglichen Bedingungen, die unabhängig von irgendwelchen Erfahrungen sind, diese Entscheidungen möglich sind. Es geht also nicht um Entscheidungen, die ich treffe, um ein bestimmtes Ziel zu erreichen, das mir erstrebenswert erscheint, denn bestimmte Ziele können nur aufgrund bestimmter Erfahrungen für mich erstrebenswert sein.

K: Aristoteles ist, was seine Nikomachische Ethik betrifft, häufig missverstanden worden, dass sein Streben nach einem glücklichen bzw., besser formuliert, geglückten Leben nicht wirklich moralisch sei, da er ein erstrebenswertes Ziel erreichen wollte. Sein Streben ist aber ergebnisoffen und damit unabhängig von Erfahrungen. Was ein geglücktes Leben eines bestimmten Menschen sein soll, lässt sich erst am Ende bestimmen. Aristoteles gibt nur Hinweise, wie man am Lebensende vielleicht sagen kann, dass einem das Leben geglückt sei. Ob eine Entscheidung moralisch wertvoll ist, hängt nicht davon ab, welche Konsequenzen die Entscheidung hat. Es kommt auf die Haltung, die Einstellung und die Stimmung an, womit man entscheidet und handelt. Denn dann wird ein moralischer Mensch unerwünschte Konsequenzen sofort und konsequent zu ändern suchen. Die Konsequenzen einer Entscheidung sind immer unwägbar, weil zu viele andere noch mitmischen.

H-P: Diese Aussage könnte man Kant unterstellen, und dass Moral für ihn nur Pflichterfüllung sei. Philosophen nennen das eine deontische Ethik im Unterschied zu einer utilitaristischen, bei der es nur auf den Nutzen ankommt. Aber Kant fragt nur, ob es etwas a priori, also von vorneherein gibt, was uns dazu bringt, eine bestimmte Entscheidung für moralisch wertvoll zu halten. Dass dabei Konsequenzen keine Rolle spielen können, liegt an dem a priori. Gibt es etwas Grundsätzliches, ein Kriterium für unser Denken, das uns befähigt, eine bestimmte Entscheidung für moralisch wertvoll zu halten? Wir kennen ja schon das Streben nach Einheit bzw. Harmonie und Wachstum, insbesondere die Einheit unter den Menschen, sodass etwas moralisch wertvoll ist, wenn es dem Kriterium genügt, die Einheit unter den Menschen herzustellen und zu stärken. Dieses Kriterium ist unabhängig von jeglicher Erfahrung, es ist a priori gegeben. Es entspricht dem, was Kant den guten Willen nennt. Für mich ist das die wertschätzende Haltung, die aus dem Streben nach Harmonie und Wachstum erklärbar wird, und aus der sich eine verbindliche Einstellung und eine versöhnliche Stimmung entwickeln. Die Erfahrung kommt erst danach ins Spiel, wie man praktisch diese Einheit herstellen und stärken kann.

K: Ja, wie kann ich dies praktisch erreichen und auch möglichst viele andere dazu bringen, dass auch sie mithelfen, diese Einheit herzustellen und zu stärken. Das ist das Streben nach Vielheit oder Wachstum. Je mehr Menschen aufgrund entsprechender Erfahrungen immer echter und unmittelbarer verstehen, wozu und worum willen sie da sind, je mehr sie also ihre Liebesfähigkeit entwickeln, desto mehr Einheit unter den Menschen lässt sich herstellen und stärken.

H-P: Kant unterscheidet an dieser Stelle zwischen zwei Imperativen, dem hypothetischen Imperativ, der dazu anhält, bestimmte konkrete Ziele zu erreichen, von denen man hypothetisch annimmt, dass sie erstrebenswert sind, und dem berühmten kategorischen Imperativ, der aus dem guten Willen und nicht aus Zweckmäßigkeit kommt.

K: „Handle so, dass die Maxime deines Willens jederzeit zugleich als Prinzip einer allgemeinen Gesetzgebung gelten könnte." So lautet der kategorische Imperativ. Kant war nicht lebensfremd oder ein Träumer. Er wusste, dass wir nicht immer das wollen, was das Beste ist. Der Süchtige will die Droge, obwohl er weiß, dass das

nicht gut ist. Das Beste, von dem du weißt, dass du es wollen soll-
test, das ist das Maximale, die Maxime deines Willens. Niemand
handelt immer nach der Maxime seines Willens, aber wenn wir uns
als gemeinsames Ziel setzen, es prinzipiell anzustreben, nach dieser
Maxime zu handeln, indem wir sie zum Prinzip einer allgemeinen
Gesetzgebung machen, die ebenfalls von niemandem total befolgt
wird, dann kommen wir dem guten Willen und einer wertschätzen-
den Haltung immer näher.

H-P: Ich will darauf jetzt nicht näher eingehen. Wenn du
willst, kannst du das bei Kant nachlesen. Wichtig erscheinen mir
diesbezüglich noch die drei Postulate der praktischen Vernunft. Sie
postulieren Bedingungen, ohne die Moral keinen Sinn machen
würde.

K: Postulate? D.h. wir müssen hier etwas annehmen bzw.
glauben. Das ist ja unglaublich.

H-P: Kant greift hier noch einmal auf die drei Ideen zurück,
die uns überhaupt erst dazu bringen, nach Erkenntnis zu drängen,
die Ideen von Seele, Welt und Gott. Bei mir war es ja das Streben
nach Einheit bzw. Harmonie und Wachstum, das uns nach Erkenntnis drängt, nämlich nach dem echten und unmittelbaren Verstehen
des Worumwillens unseres Daseins bzw. nach der vollkommenen
Liebe. Du hast ja vorhin so schön diese drei Ideen mit dem Streben
nach der vollkommenen Liebe verknüpft.

K: Was sollen wir denn bezüglich dieser Ideen annehmen?

H-P: Kant postuliert, dass die Seele unsterblich sein, dass
Freiheit möglich sein, und dass Gott existieren muss. Die Unsterb-
lichkeit der Seele ist hier nicht im Sinne einer zeitlichen Kontinuität
gemeint, das wäre ja phänomenal, sondern als Noumenalität der
Seele, d.h. wenn jemand nicht tut, was sie oder er soll, dann leidet
das Urbild seiner Seele im Noumenalen, und zwar unabhängig davon, ob die betreffende Person etwas davon als Phänomen bzw.
eigener Regung spürt oder nicht, und so bleibt im Noumenalen etwas dauerhaft von jedem Menschen übrig. Gott als Idee war ja,
dass es bzw. Er die Totalität aller Wirkungen, der Wirklichkeit und
Möglichkeiten von uns Menschen gibt. Wenn diese Idee kein Pen-
dant im Noumenalen besitzt, wenn Gott nicht existierte, wenn es

bzw. Gott keine Wirklichkeit und Möglichkeiten gibt, könnten wir Menschen nichts bewirken, es würde uns nur so erscheinen, eine Illusion.

K: Dass Freiheit möglich sein muss, ist klar, denn sonst wären moralische Entscheidungen, die ja frei sein müssen, nicht möglich. Wenn die Seele nicht unsterblich wäre, würde es keinen Unterschied machen, ob ich moralisch handle oder nicht, und wenn Gott nicht existierte, wären meine moralischen Handlungen wirkungslos oder unmöglich. Das Postulat bezüglich der Sinnhaftigkeit meiner Theorie ist die Annahme, dass wir auf dem Weg zur vollkommenen Liebe immer wieder Fortschritte machen können, unabhängig davon, ob wir es bemerken oder nicht, und dass diese Fortschritte im Noumenalen von Dauer sind, d.h. dass alle Seelenteile, die Regungen der Liebe sind, unsterblich sind. Je mehr wir also unsere Liebesfähigkeit entwickeln, desto mehr entwickeln wir solche Seelenanteile, deren Entsprechungen im Noumenalen unsterblich sind. Mit diesem Postulat ist die Entwicklung unserer Liebesfähigkeit sinnvoll, und ohne es sinnlos.

H-P: Bis jetzt hat Kant sich eigentlich nur darum gekümmert, was uns gegenübersteht, um Objekte, nämlich bei der Kritik der reinen Vernunft, wie wir sie erkennen und wie wir raumzeitliche Zusammenhänge zwischen ihnen verstehen können. Beim Erkennen geht es um den Gesichtssinn und beim Verstehen um den Gehörsinn. Dabei sind die Objekte noch ziemlich entfernt von uns. Bei der Kritik der praktischen Vernunft rücken sie schon näher, denn jetzt beschäftigt Kant sich damit, wie wir begreifen können, wie wir mit ihnen umgehen sollen. Praxis ist der Umgang mit etwas. Dabei steht der Tastsinn im Vordergrund, wenn wir etwas begreifen und erfassen wollen.

K: Dann bleiben jetzt nur noch der Geruchssinn und der Geschmack übrig, denen geistig die Prognose und das Urteil entsprechen, und dabei wird es immer subjektiver.

H-P: War die Subjektivität in Form der Zweckmäßigkeit bei der moralischen Entscheidung bzw. beim kategorischen Imperativ ausgeschlossen, so rückt sie jetzt ins Rampenlicht, wenn Kant bei der Kritik der Urteilskraft fragt, was wir hoffen dürfen. Hier geht es eindeutig um die Zukunft, die weder bei der reinen noch bei der praktischen Vernunft eine Rolle spielte bzw. spielen durfte.

K: Wenn wir bei den fünf Sinnen in der Reihenfolge Gesichtssinn, Gehörsinn, Tastsinn, Geruchssinn und Geschmack nach der maximalen Distanz fragen, die Menschen einnehmen können, um ein Objekt gerade noch wahrzunehmen, dann wird diese immer kleiner und ist beim Geschmack praktisch null, d.h. der Geschmack ist der subjektivste Sinn. Was ich gerade schmecke und notwendigerweise im Mund habe, kann niemand anderer schmecken.

H-P: Wie bei den beiden vorangegangenen Kritiken fragt Kant nach etwas, was uns Menschen vor jeder Erfahrung gegeben ist, sodass wir vermuten und urteilen können. Auch hier kann es nicht um Zweckmäßigkeit gehen. Wie bei der moralischen Entscheidung kommt das später, wenn die Entscheidung bzw. das Urteil in Handlung umgesetzt und die Prognose erprobt wird. Insofern kommt es Kant z.B. beim ästhetischen Urteil nur darauf an, was wir ohne Interesse als schön empfinden. A priori schön finden wir etwas nur dann, wenn dies ohne Interesse geschieht. Das nennt Kant dann reine Schönheit.

K: Ein Befund, den Kant noch nicht gekannt hat, der uns aber weiterhelfen kann, ist folgender: wenn man ein Neugeborenes der Mutter auf den Bauch legt und mit Resten der Plazenta eine Spur vom Mund des Säuglings bis zu einer Brustwarze der Mutter legt, dann robbt das Neugeborene der Spur entlang bis zur Brustwarze und fängt dort an zu saugen.

H-P: Das ist ja interessant. Der Säugling hat noch nie an der Brust gesaugt, hat also noch keine Erfahrung diesbezüglich, und doch folgt er dem Geruch und dem Geschmack der Plazenta, und das wahrscheinlich deswegen, weil er diesen Geschmack von dem Geschmack des Fruchtwassers in der Gebärmutter her kennt bzw. gewohnt ist. Mit diesem Gewohnten spielt natürlich doch die Erfahrung eine Rolle. Andererseits folgt der Säugling der Spur aufgrund seiner Kontingenzentdeckungsfähigkeit, und die rührt von dem von mir postulierten Streben nach Einheit und Vielheit oder Wachstum her.

K: Sobald wir uns mit etwas eins oder vereint fühlen, wie der Säugling mit seiner Mutter, wenn er die Kontingenz entdeckt zwischen dem Geschmack der gelegten Spur und dem Geschmack des Fruchtwassers, dann finden wir das schön bzw. empfinden, dass es schön ist. Jede Wiederholung des Einsseins ist schön. Das erinnert mich an Kierkegaard, der meinte, dass Wiederholungen uns Lust bereiten.

H-P: Eine Lust, der kein Mangel gegenübersteht, meint Aristoteles in der Nikomachischen Ethik, ist gut. Kant würde sagen, ist rein, da ohne Interesse oder Zweckmäßigkeit. Das Streben nach Einssein ist vor jeder Erfahrung und damit a priori gegeben.

K: Aber warum war für Kant die Kritik der Urteilskraft so wichtig, die reine und die praktische Vernunft hätten doch genügen können? Was hat da noch gefehlt?

H-P: Kant nannte seine dritte Kritik ja die der Urteilskraft und nicht die des Urteils oder des Urteilens. Im Vermuten und Urteilen steckt eine Kraft, die Kraft und Motivation zu handeln. Was nützen alle Erkenntnisse und moralischen Entscheidungen, wenn die Kraft fehlt sie anzuwenden und umzusetzen? Diese Kraft, diese Motivation, die im Streben nach Einheit und Einssein und Wachstum steckt, drängt nach Erkenntnis, Entscheidung und Handeln.

K: Kant, so wird berichtet, war sehr asketisch, und seine Erkenntnistheorie ist auch entsprechend asketisch: Wissen kann man nur im Phänomenalen erlangen, und wissenschaftliches Forschen muss immer weitergehen, findet nie ein Ende und kann trotzdem gewisse Grenzen, wenn es um das Eigentliche, das Noumenale geht, niemals überschreiten. Auch die moralischen Entscheidungen verlangen viel von uns, nämlich den guten Willen, von dem Kant pessimistisch, wie er war, annahm, dass kaum jemand sich ohne große Willensanstrengung dazu durchringen kann, vor allem, weil es zu oft für Verbrechen keine Strafen gibt. Wenn ich unter lauter Verbrechern leben müsste, würde ich früher oder später zum Märtyrer werden, zumindest müsste ich viel schlucken, wenn ich bei meinem guten Willen bleiben wollte. Wer gegen den Strom schwimmt, muss bereit sein, viel zu schlucken. Nur wenn ich mit vielen Menschen guten Willens zusammen bin, geht es mir gut mit gutem Willen.

H-P: Stimmt, es scheint keine unbedingte Befriedigung zu geben, wenn man sich für die Moral entscheidet, und sobald du auf Befriedigung aus bist, dich davon abhängig machst und dich dadurch zu sehr auf dich selbst konzentrierst, spaltest oder sonderst du dich von den anderen ab – das ist die eigentliche Sünde –, fällst zurück in den Bereich der sinnlichen Erfahrungen mit den Bedingungen von Raum, Zeit und Kausalität, d.h. du verlierst deine Selbstbestimmung und Freiheit, musst dich nach dem richten, was dir gerade phänomenal begegnet. Bei Erkenntnis und Moral bist du immer mit etwas Objektivem konfrontiert wie bei den drei objektiveren Sinnen Tastsinn, Gehörsinn und Gesichtssinn. Wenn du dann nicht bei dem bist, was dir ursprünglich, a priori vor aller Begegnung mit anderem gegeben ist, hast du dich selbst ganz schnell verloren.

K: Dann ist ja die Urteilskraft, wenn du ganz bei dir bist mit den subjektiven Sinnen des Geruchs und des Geschmacks, die große Hoffnung. Hier kann man eine Quelle der Lust entdecken, der nichts gegenübersteht, vor allem kein Mangel.

H-P: Nur dann, wenn du auch hier mit dir im Reinen bist, d.h. dich auch hier ganz auf das besinnst, was dir vor aller Erfahrung für das Vermuten, Voraussehen und Urteilen gegeben ist. Sonst steht deiner Lust nämlich etwas gegenüber.

K: Okay, aber warum hat Kant diese letzte Kritik nicht Kritik der Urteilslust genannt? Menschen urteilen doch gerne, vor allem über andere, und das mit Lust: „Das wird noch böse enden. Der ist doch verrückt." Da haben wir z.B. Prognose und Urteil, Klatsch und Tratsch. Wie gerne wird doch gelästert.

H-P: Dein Beispiel trifft nicht ganz, denn dem Klatsch und dem Tratsch steht meist ein Mangel gegenüber, z.B. eine Unzufriedenheit mit der eigenen Situation. Andererseits finde ich, hast du recht mit der Urteilslust, aber einem asketischen Kant war natürlich jegliche Lust fremd. Vielleicht fiel ihm deswegen die Kritik an der Urteilskraft so schwer, denn im Urteilen kann tatsächlich viel Lust entdeckt werden. „Urteilen" ist ja wortverwandt mit „erteilen", und beim Urteilen erteile ich z.B. bestimmten Meinungen einen

Vorrang, und das kann auch Spaß oder Lust machen. Da bin ich auf einmal souverän und frei, habe Macht wie ein Richter.

K: Ja, es ist, als ob du dich mit einer besonderen Kraft und Macht verbindest.

H-P: Genau, es ist die ursprüngliche Lebenskraft, die a priori vor jeder Erfahrung gegeben ist, die reine Lebenskraft, und wenn immer mehr Menschen sich zusammentun und diese reine Lebenskraft bündeln, erschaffen sie eine Macht, die Macht des Lebens, die seinen Fortgang gegen den Tod garantiert, und diese Macht ist die Liebe.

K: Das hast du schön gesagt. Ich fühle mich jetzt richtig eins mit dir.

H-P: Im Ernst?

K: Nein, in dieser Diskussion.

H-P: Du nimmst mich nicht ernst.

K: Doch, aber wenn du so pathetisch wirst, möchte ich dich wieder zurückholen, damit du nicht die Erdung verlierst und wir wieder auf einer Ebene sind.

H-P: Dann willst du wieder mit mir eins sein und beurteilst meine Ausdrucksweise so, dass die Gefahr besteht, dass ich abhebe. Meine Ausdrucksweise schmeckt dir also nicht, und du witterst die Gefahr, dass ich den Bezug zur Realität verliere.

K: Genau. Ich sehe nämlich nicht nur Gutes voraus und beurteile etwas entsprechend. Es gibt auch Schlechtes oder Böses.

10.   Böses und Gutes

H-P: Stimmt, und damit hat Leibniz die Frage aufgeworfen, wie Gott sich rechtfertigen könnte gegen den Vorwurf, dass er Böses in der Welt zulasse, obwohl er es doch aufgrund seiner Allmacht verhindern könne. Kant würde wahrscheinlich einwenden, dass uns jeweils etwas nur als böse oder gut erscheint, es ist nur im Phänomenalen so. Wie es an sich ist, also unabhängig davon, wie es uns erscheint, können wir prinzipiell nicht wissen. Wir können nur darauf vertrauen, dass es an sich gut ist, wie es ist, dass im Grunde alles gut ist.

K: Ist das auch so ein philosophischer Glaube?

H-P: Zumindest erscheint mir diese Annahme vernünftig. Wir können das Ganze ja noch einmal genauer betrachten: Kant postulierte, dass es die Wirklichkeit und Möglichkeiten für uns Menschen gibt. Und wer gibt das alles?

K: Gott, wenn unsere Annahme über Gottes Existenz richtig ist. Aber er bzw. es gibt keine Gebrauchsanweisung dafür.

H-P: Genau, und das ist **unser** Problem, nicht das von Gott. Entweder werden uns alle Möglichkeiten zu unserer freien Verfügung gestellt, oder sie werden reglementiert durch eine Gebrauchsanweisung. Aber haben wir dann überhaupt noch Möglichkeiten?

K: Es ist also unsere Aufgabe, meinst du, mit den Gegebenheiten immer besser umzugehen.

H-P: Die Möglichkeiten, das zu lernen, sind uns ja gegeben: mithilfe der Naturwissenschaften finden wir immer mehr über Naturkatastrophen heraus und können uns immer besser davor schützen, und im Zwischenmenschlichen haben wir auch schon gelernt, Konflikte immer besser und nachhaltiger zu lösen, sodass es gemessen an der Gesamtzahl aller Menschen immer weniger Todesfälle durch menschliche Gewalt oder Naturkatastrophen gibt. Rein zahlenmäßig nehmen Morde und Tote durch Katastrophen zwar zu, aber im Verhältnis zum Wachstum der Gesamtbevölkerung in einem Land oder der ganzen Erde, nehmen diese Todesfälle ab. Das habe ich in einem Buch von Steven Pinker gelesen. Es heißt „Gewalt. Eine neue Geschichte der Menschheit", in der die Entwicklung der Gewalt von der Urzeit bis heute geschildert wird.

K: Aber vollkommen gelöst sind diese Probleme bzw. ist diese Aufgabe noch lange nicht. Ist das auch wieder so eine Utopie?

H-P: Richtig, genauso wie die der vollkommenen Liebe. Kant musste an die Existenz Gottes glauben und darauf vertrauen, dass Gott es gut mit uns meint. Bei meinem Glauben muss ich an ein bei allen Menschen von vorneherein vorhandenes Streben nach Einheit, Einssein und Wachstum glauben und darauf vertrauen, dass wir stetige Fortschritte auf dem Weg zur vollkommenen Liebe machen können und machen, und dass von unserem Streben etwas Dauerhaftes bleibt.

K: Wir können nach dem also das Böse oder Schlimme immer mehr eindämmen. Können wir auch das Gute immer mehr fördern und sich ausbreiten lassen?

H-P: Ja, das sollte Hand in Hand gehen. Ich möchte aber noch einmal grundsätzlich auf unser Thema und die Begriffe Böses und Gutes eingehen, also ab jetzt von Naturkatastrophen und deren Bewältigung absehen. Alles, was wir wahrnehmen, ist Erscheinung, ist phänomenal und wird uns über unsere Sinne vermittelt. Gut und böse sind Wertungen, sind Beurteilungen, werden uns sinnlich durch unseren Geschmack erst einmal vorgegeben. Dazu müssen wir das, was wir beurteilen, ganz nah an uns heranbringen, sodass unser Gefallen oder Missfallen sehr subjektiv ist.

K: Indem du „erst einmal" sagst, meinst du damit, dass Wertungen nicht nur vom Geschmackssinn stammen?

H-P: Genau, wir streben auch hier nach Einheit und beziehen alle fünf Sinne und die zugehörigen geistigen Fähigkeiten mit ein. Ein Weinkenner nimmt den Wein nicht nur in den Mund, er riecht davor und danach daran, er tastet mit der Zunge seine Lippen ab, beim Eingießen hört er auf das Geräusch und er schaut sich die Farbe und die Klarheit des Weins an. Weiterhin tauscht er sich mit anderen Weinkennern aus, welches Urteil diese fällen, und so kommt es zu einem Gesamteindruck, den der Wein auf ihn macht.

K: So genau habe ich das noch gar nicht beobachtet. Ich bin allerdings auch kein Weinkenner, der auf all das achtet.

H-P: Ähnlich ist es auch mit Urteilen darüber, ob etwas gut oder böse ist. In einen solchen Gesamteindruck fließen Subjektives und Objektives mit ein, sowohl über unsere Sinne und die daraus sich entwickelnden geistigen Fähigkeiten, als auch über Vergleiche mit anderen, ob direkt oder in unserer eigenen Vorstellung, und wenn wir wie Kant nach dem Ursprünglichsten vor aller Erfahrung all unserer Bewertungen über Böses und Gutes fragen, dann ist jeder ganz auf sich selbst zurückgeworfen, und zwar nicht auf das, was für die einzelne Person böse oder gut wäre, denn das hängt wieder von Erfahrungen mit Begegnendem zusammen, sondern mit einem selbst, inwieweit jeder sich selbst geschmacklich gut oder schlecht findet. Böse gibt es erst, wenn ein Kind sich als intentionaler Akteur wahrnimmt, wenn also etwas Schlechtes beabsichtigt wird. Ursprünglich ist alles gut, bis es zu einer Trennung, der ersten Trennung im Leben eines jeden Menschen kommt, nämlich bei der Geburt. Ich kann das natürlich nur unter der Voraussetzung eines ursprünglichen Strebens nach Einheit und Einssein behaupten, welches nicht erst im Augenblick der Geburt erwacht. Es gibt nämlich Untersuchungen bei Zwillingsföten, die eine Zunahme der Berührungen des anderen Zwillings zwischen der 14. und 18. Schwangerschaftswoche beobachtet haben.

K: Dann gibt es also Gutes schon viel früher als Böses. Ich finde aber, es gibt erst Angenehmes und Unangenehmes, Lustvolles und Schmerzliches, und erst ab einem Alter von etwa 18 Monaten, wenn ein Kind anfängt, sich als intentionaler Akteur wahrzunehmen, gibt es für das Kind Böses und Gutes, wenn jemand anderer ihm z.B. etwas wegnimmt oder etwas schenkt und es darin eine Absicht vermutet. Und dann ist das Ursprüngliche die Entdeckung von Absichten, die dem Streben nach Einheit, Einssein und Wachstum förderlich sind oder nicht.

H-P: Da muss ich dir recht geben. Danke, dass du mich auf einen Denkfehler aufmerksam gemacht hast. Ich finde das so schön und gut, dass wir einander haben und uns immer wieder ergänzen können.

K: Damit unterstellst du mir, dass ich dich bessern möchte. Mir war eigentlich nur bewusst, dass ich den Dingen auf den Grund gehen und Fehler berichtigen will. Insofern ging es mir nicht speziell um dich und deine Entwicklung. Aber schön, dass du unsere Beziehung so gut findest. Jedenfalls hast du erkannt, dass ich mit meiner Verbesserung dir nichts Böses wollte.

H-P: Jedem Urteil über Böses und Gutes liegt einerseits ursprünglich vor jeder Erfahrung subjektiv der Gegensatz Lust und Schmerz und objektiv die Entdeckung von Absichten zugrunde, die dem Streben nach Einheit entgegengesetzt sind oder es fördern. Diese Mischung von Subjektivem und Objektivem, von Individuellem und Gemeinschaftlichem erzeugt immer wieder eine Spannung bei jedem einzelnen und innerhalb der Gemeinschaft, mit der wir am besten gemeinschaftlich umgehen lernen sollten.

K: Mit der Entwicklung der eigenen Liebesfähigkeit soll jeder immer mehr über sich selbst hinauswachsen und in diesem Sinne Übermenschliches anstreben, nämlich die vollkommene Liebe, andererseits brauchen wir zur Überwindung böser Absichten Möglichkeiten gemeinschaftlichen Handelns, also Macht. Was wir brauchen, müssen wir auch wollen, sodass wir beim Willen zur Macht angekommen sind.

H-P: Damit und mit dem Übermenschlichen bist du ganz bei Nietzsche gelandet. Und wenn du zusammen mit anderen diese Macht, diese Möglichkeiten gemeinschaftlichen Handelns erreichen willst, braucht ihr immer mehr Fortschritte bei der Entwicklung eurer Liebesfähigkeit.

K: Ja, und vor allem muss jemand damit anfangen, aus freiem Entschluss einen Durchbruch initiieren, den alltäglichen Zeitablauf durchqueren oder „durchbohren", wie Kierkegaard schreibt, in einem Augenblick eigentlich sein, wirklich und wirkungsvoll existieren.

H-P: Hannah Arendt nennt das unsere Nativität, unsere Fähigkeit, einen vollkommen neuen Anfang zu machen. Und solange du immer wieder einen neuen Anfang machen kannst, solange bist du lebendig, solange entwickelt sich deine Liebesfähigkeit, und nichts Böses kann dich mehr berühren.

K: Wie kann ich mir so einen Neuanfang erklären?

H-P: Derartige Initiativen kannst du nicht kausal **erklären**, da sie nicht zwingend notwendig sind. So wie es geschildert wurde, war es eine freie Entscheidung von Jesus, seine Lehre zu verkünden und das gemeinsame Abendmahl, die Gemeinschaft der Apostel zu gründen. So etwas kannst du nur **verstehen** aus der damaligen Situation heraus, und es **erhellt** unsere Möglichkeiten als Menschen, Neuanfänge zu initiieren. Dieses Erhellen durch das Beispiel von Jesus, der sich als Bruder mit denselben Möglichkeiten wie alle Menschen betrachtet hat, kann uns aus jeder Lethargie erlösen und vor einem Untergang in Sinn- und Hoffnungslosigkeit erretten.

11.   Erklären, verstehen, erhellen

K: Diese drei Begriffe, erklären, verstehen und erhellen, hast du von Karl Jaspers. Mithilfe der beiden ersten hat er Sigmund Freud kritisiert, seine Psychoanalyse würde sie vermengen und dadurch die Möglichkeit eröffnen, dass Patienten und Patientinnen in eine Abhängigkeit geraten.

H-P: Ja, Freud betrachtete seine Psychoanalyse wie eine Wissenschaft mit kausalen Erklärungen, die er aus der Existenz des Unbewussten ableitete. Dieses ist aber genauso wenig ein Phänomen wie bei Kant die Seele oder Gott. Damit kann die Psychoanalyse niemals kausale Erklärungen liefern, mit ihrer Hilfe bzw. mit der Annahme des Unbewussten können wir die Probleme, Konflikte und Schwierigkeiten vieler Menschen verstehen, aber auch nicht von allen. Als Psychotherapeut versuche ich erst einmal mein Gegenüber so zu verstehen, wie sie oder er sich selbst versteht oder auch nicht versteht. Dann erkläre ich alternative Möglichkeiten, wie er oder sie sich anders verstehen kann, und wir schauen gemeinsam, was am besten hilft, mit Problemen umzugehen. Am hilfreichsten sind dabei neue Sichtweisen, bei denen sie oder er lachen kann.

K: Ist das so etwas wie: „Ich bin nicht feige, ich bin nur stärker als mein innerer Held."?

H-P: Genau.

K: Aber vermischst du dabei nicht auch kausales Erklären und Verstehen?

H-P: Nein, denn dadurch, dass ich es offenlasse, welche Erklärung am besten passt, und die Wahl meinem Gegenüber überlasse, nehme ich ihr oder ihm nicht die Freiheit, sein eigenes Leben zu führen. Es gibt keinen Zwang und damit keine Kausalität, denn Kausalität ist Zwang. In der klassischen Psychoanalyse nach Freud gibt es nur eine Erklärung, nämlich die des Analytikers oder der Analytikerin, die angenommen werden muss, sonst wird das als Widerstand gedeutet und im Extremfall die Analyse beendet.

K: Das grenzt ja an Tyrannei.

H-P: Es gibt auch Entwicklungen in der Psychoanalyse, die mehr Toleranz erlauben und Behandlungsempfehlungen geben, dass man „mit dem Widerstand gehen" solle.

K: Für mich liegt darin keine Freiheit, ich würde das eher als repressive Toleranz bezeichnen. „Am Ende wirst du schon sehen, dass ich recht hatte."

H-P: Jedenfalls erlebe ich es in meinen Therapien immer wieder, dass PatientInnen einen Sinn in ihrem Leben sehen, sich so immer besser verstehen und mit ihren Problemen immer besser umgehen können, und darum geht es für mich in meinem Beruf als Psychotherapeut.

K: Und was kann sich dabei für die Menschen erhellen?

H-P: Ihre Möglichkeiten, ihre Wirklichkeit, ihre Situation in der Welt, ihre Herkunft, ihre Zukunft, ihre Ankunft bzw. die Situation, in der sie gerade angekommen sind, ihre Freiheit und Unverfügbarkeit bzw. ihre Unbedingtheit. In der Terminologie von Kant würde es heißen, für uns Menschen wird dabei Gott erhellt, denn Gott ist für ihn derjenige, der all das gibt, was ich eben aufgezählt habe; und Jaspers würde sagen, die Existenz der Menschen wird erhellt, denn für ihn ist das eben Aufgezählte zusammengenommen Existenz.

K: Für Jaspers ist unsere Existenz nur möglich in Bezug auf Gott, und Gott hat nur für unsere Existenz einen Sinn.

H-P: Psychotherapie beschäftigt sich nicht nur mit den konkreten Problemen der einzelnen, sondern auch mit diesen existenziellen Themen und ist dann Kommunikation, wie Jaspers es nennt, im Unterschied zu Mitteilungen, bei denen es um alltagspraktische oder um wissenschaftliche Themen geht. Bei Kommunikation in diesem Sinne geht es darum, immer echter und unmittelbarer zu verstehen, wozu und worum willen wir auf der Welt sind.

K: Endlich hast du wieder zu deinem Lieblingsthema gefunden, zur vollkommenen Liebe.

H-P: Naja, kausal erklären kann ich nur im Alltag und in den Naturwissenschaften und verstehen nur mit meinem Glauben an die Liebe und aufgrund einer gewissen Fähigkeit zu lieben. Je mehr ich verstehe, desto mehr erhellt sich mein Glaube an die Liebe und wächst meine Liebesfähigkeit.

K: Bis zu einem gewissen Grad kann ich das zwar verstehen, aber dann kommen mir Aussagen wie eben auf einmal ganz leer vor. Wie kommt das?

H-P: Im Grunde genommen kannst du Sinn nur erfahren, und wenn du das ausdrücken möchtest, musst du unweigerlich scheitern. Wenn du etwas von der Art hörst oder liest, was ich gerade gesagt habe, dann erfährst du einerseits ein Verstehen, und andererseits erlebst du fast im selben Augenblick das Scheitern des betreffenden Ausdrucks. Wenn ich mystische Schriften lese, wie z.B. von Meister Eckart oder von Lady Julian of Norwich, um zwei christliche MystikerInnen zu nennen, oder den islamischen Mystiker Moulana Galal ad-Din Rumi oder aus China Lao Tse, dann muss ich mich in einen bestimmten Bewusstseinszustand versetzen, sonst verstehe ich gar nichts von dem, was sie schreiben. Im ersten Satz des Tao Te King drückt Lao Tse dieses Scheitern ganz einfach so aus: „Das Tao, das gesagt werden kann, ist kein Tao."

K: Bei Rumi, ganz am Ende des dritten Bandes vom Matnawi heißt es: „... wie willst du dann sein verborgenes Wesen kennen?" Er antwortete: „Ich setze mich schweigend vor ihn und mache die Geduld zu einer Leiter zum Höheren [...], denn es gibt ein Fenster von Herz zu Herz."

H-P: Rumi wird auch der Prophet der göttlichen Liebe genannt. Auch Jaspers verwendet den Begriff des Schweigens, und wer trotzdem etwas darüber sagt, warum die Welt ist und wir in ihr, der bricht ein Schweigen, das nicht gebrochen werden kann.

K: Okay, ich möchte an dieser Stelle noch einmal auf die Vernunft zurückkommen: inwieweit ist es vom praktischen Leben aus betrachtet vernünftig, an die Liebe zu glauben. Verrennst du dich da nicht ein bisschen?

12.   Der Fortgang des Lebens

H-P: Dazu möchte ich auf ein Zitat von Hannah Arendt zurückgreifen aus ihrem Denktagebuch auf Seite 372: „Liebe [...] ist die Macht des Lebens und garantiert seinen Fortgang gegen den Tod."

K: Fortgang des Lebens – klingt irgendwie zweideutig: geht das Leben weg oder weiter? Jedenfalls, wenn ich dich richtig verstehe, willst du damit sagen, dass Liebe lebenswichtig ist, und wenn wir nicht mehr an die Liebe und ihre Macht glauben, ist unser Leben verloren.

H-P: Ohne Liebe kann ich mich nicht mehr für das Leben begeistern, ich könnte dann nicht mehr verstehen, wozu ich überhaupt noch auf der Welt bin, - meine Definition der vollkommenen Liebe war ja das echte und unmittelbare Verständnis, wozu und worum willen wir da sind – ich würde mich nicht mehr zu unserer Welt zugehörig und verbunden fühlen. Es hätte für mich auch keinen Sinn mehr, mit anderen hier noch etwas gestalten zu wollen, wozu auch.

K: Das erinnert mich einerseits an Gerald Hüther, der die Bedeutung der Begeisterung für die Entwicklung und Gesundheit unseres Gehirns für so wichtig hält, und andererseits an Aaron Antonovsky, der Überlebende des Holocaust befragte und überrascht feststellte, dass immerhin 29 % aller Befragten die Konzentrationslager ohne psychische und physische Schäden überstanden hatten. Er prägte die Begriffe der Salutogenese, nämlich wie Gesundheit und Wachstum entsteht, und des „sense of coherence", des Kohärenzsinns oder -gefühls, oft mit Urvertrauen übersetzt. Dieser Sinn bzw. dieses Vertrauen setzt sich aus drei Komponenten zusammen: 1. Verständnis auf geistiger und Verbundenheit auf emotionaler Ebene, 2. Lösbarkeit von Problemen und gemeinschaftliche Gestaltungsmöglichkeiten unserer Situation zu jeder Zeit und 3. Sinnhaftigkeit jeder Anstrengung für Verständnis, Problemlösung und Gestaltung.

H-P: Und wenn Menschen an die Liebe glauben bzw. dieses Urvertrauen oder Kohärenzgefühl haben, dann können Wunder geschehen.

K: Hast du dafür Beispiele?

H-P: Ja, ich habe zumindest von drei weiteren gehört neben dem Wunder, dass so viele der Überlebenden des Holocaust keine Schäden davongetragen haben: Da ist zum einen die sogenannte Nonnen-Studie, bei der man die älteren Nonnen eines Klosters mehrere Jahre lang auf Demenz getestet hat, ohne irgendwelche Anzeichen dafür zu finden. Als dann die über 90 Jahre alte Äbtissin starb, die bis dahin voller Energie und sehr engagiert das Kloster geleitet hatte, durfte man ihr Gehirn untersuchen und fand dort „Löcher" wie bei einer Alzheimer-Demenz, obwohl zu ihren Lebzeiten nichts davon erkennbar war.

K: Dann hat das Urvertrauen der Nonnen in ihrem Gehirn immer wieder neue Nervenverbindungen wachsen lassen, die die Zerfallsprozesse ausgeglichen haben.

H-P: Genau. Etwas ähnliches geschah in einem Altenheim in den USA, in welchem viel alte Damen sich kein Gebiss leisten konnten und immer mehr dement geworden sind. In den USA haben sie ja leider kein so gutes Krankenversicherungswesen wie hier in Deutschland. Da kam auf einmal ein Sponsor und spendierte allen ein neues Gebiss. Daraufhin konnten die Damen wieder miteinander reden und sich verstehen, konnten wieder normal essen, schminkten sich die Lippen rot und gingen zusammen aus. Nach einem halben Jahr hatte keine von ihnen mehr eine Demenz.

K: Ich nehme an, das lag nicht nur an der besseren Ernährung.

H-P: Wohl kaum. Das dritte Beispiel habe ich von Gerald Hüther. Eine Gruppe von Amateur-Radfahrern kam auf ihn zu, die sich beim Training für ein Radrennen in den USA von der Ostküste zur Westküste immer mehr zerstritten hatten. Er stellte ihnen das Kohärenzmodell vor und arbeitete mit ihnen daran, dass sie immer mehr ein Kohärenzgefühl entwickelten, ihre Konflikte lösen und ihr Konkurrenzdenken loslassen konnten und auf diese Weise eine starke Verbundenheit erreichten. Gerald Hüther zog sich dann zurück und hörte lange Zeit nichts mehr von ihnen, bis sie eines Tages zu ihm kamen und stolz berichteten, dass sie das Rennen gewonnen hätten, und zwar mit fünf Stunden Vorsprung vor den amerikanischen Rad-Profis. Du musst bedenken, dass sie ja Amateure waren.

K: Das ist ja Wahnsinn! Was Verbundenheit und Urvertrauen bzw. der Glaube an die Liebe für einen Unterschied machen können! Insofern ist es auch vom praktischen Leben und für seelische wie körperliche Gesundheit sehr vernünftig, an die Liebe zu glauben. Wie können wir denn mehr Verbundenheit erreichen bzw. was bringt uns weg davon?

H-P: Erreichen können wir Verbundenheit und Urvertrauen, indem wir unsere Liebesfähigkeit immer weiterentwickeln, insbesondere andere immer mehr wertschätzen, so wenig wie möglich etwas persönlich übelnehmen und zuverlässig und verbindlich sind, also Versprechen geben und halten. Das geht nur mit Kommunikation, und dabei sollten Worte nicht leer sein, sondern von Taten ergänzt werden, und Taten sollten außer in Notsituationen nicht gewalttätig stumm sein. Was uns wegbringt und Verbundenheit stört, um auf deine zweite Frage einzugehen, sind Abwertungen, Rache und Gewalt, Heimlichkeiten, Unzuverlässigkeit und leere Versprechen.

K: Gerald Hüther führt noch an, wenn wir andere zu Objekten machen. Kant hat es einmal so ausgedrückt, dass ein Mensch niemals ein Mittel zum Zweck werden darf. In starren Hierarchien ist diese Gefahr besonders groß, dass Untergebene zu Objekten gemacht werden und einen Zweck erfüllen sollen, etwa den Firmenchefs zu mehr Geld verhelfen sollen. Und wenn in der Schule ein Lehrplan erfüllt werden soll, statt die individuellen Fähigkeiten und Interessen zu fördern, wie Gerald Hüther das fordert, dann werden sowohl Schüler wie auch Lehrer zu Objekten gemacht, die einen Zweck, nämlich den Lehrplan erfüllen sollen.

Verwendete Literatur

Arendt, H. (2017). *Denken ohne Geländer. Texte und Briefe.* München: Piper Verlag GmbH.

Arendt, H. (1967). *Vita activa oder Vom tätigen Leben.* München: Piper Verlag GmbH.

Arendt, H. (1986). *Elemente und Ursprünge totaler Herrschaft. Antisemitismus, Imperialismus, totale Herrschaft.* München/Berlin: Piper Verlag GmbH.

Arendt, H. (1998). *Vom Leben des Geistes. Das Denken. Das Wollen.* München Berlin Zürich: Piper Verlag GmbH.

Arendt, H. (2012). *Das Urteilen.* München: Piper Verlag GmbH.

Arendt, H. (2016). *Denktagebuch.* München/Berlin: Piper Verlag GmbH.

Aristoteles. (1985). *Philosophische Bibliothek, Bd. 5, Nikomachische Ethik.* (G. Bien, Hrsg.) Hamburg: Felix Meiner Verlag.

Fonagy, P., Gergely, G., Jurist, E. L., & Target, M. (2008). *Affektregulierung, Mentalisierung und die Entwicklung des Selbst.* Stuttgart: Klett-Cotta.

Heidegger, M. (2006). *Sein und Zeit.* Tübingen: Max Niemeyer Verlag.

Hersch, J. (1981). *Das philosophische Staunen. Einblicke in die Geschichte des Denkens.* Zürich und München: Benziger Verlag undR. Piper & Co. Verlag.

Hisamatsu, S.-i. (2011). Eine Erläuterung des Lin-chi-(=Rinzai)-Zen. In R. Ohashi (Hrsg.), *Die Philosophie der Kyôto-Schule* (K. Tsujimura, & H. Buchner, Übers., S. 218 - 221). Freiburg im Breisgau: Verlag Karl Alber in der Verlag Herder GmbH.

Jaspers, K. (1948, 1974). *Der philosophische Glaube.* München: Piper Verlag GmbH.

Jaspers, K. (1949). *Vom Ursprung und Ziel der Geschichte.* München: Piper Verlag GmbH.

Kant, I. (1781 (A), zweite Auflage 1787 (B)). *Critik der reinen Vernunft.* Riga: Johann Friedrich Hartknoch.

Kant, I. (1788). *Critik der praktischen Vernunft.* Riga: Johann Friedrich Hartknoch.

Kant, I. (1799 (3. Auflage)). *Critik der Urteilskraft.* Berlin: F.T. Lagarde.

Kant, I. (1960). *Werke in sechs Bänden* (7. unveränderte Auflage 2011 (unveränderter Nachdruck der Sonderausgabe Darmstadt 1998) Ausg.). (W. Weischedel, Hrsg., M. Bock, & N. Hinske, Übers.) Wiesbaden: Insel Verlag.

Kierkegaard, S. (2005). *Die Krankheit zum Tode. Furcht und Zittern. Die Wiederholung. Der Begriff der Angst.* (H. Diem, & W. Rest, Hrsg.) München: Deutscher Taschenbuch Verlag.

Kolb, H.-P. (2017a). *Dasein, um zu lieben. Daseinsanalytische Grundlagen für Psychologie und Psychotherapie (2018 überarbeitete Fassung).* Norderstedt: BoD - Books on Demand.

Kolb, H.-P. (2017b). *Rhythmus, Intuition und Liebe. Die Rolle der Körperlichkeit bei der Daseinsanalyse (2018 überarbeitete Fassung).* Norderstedt: BoD - Books on Demand.

Kolb, H.-P. (2017c). *Liebe, Macht und Sexualität. Wie können wir in diesem Spannungsfeld glücklich werden? (2018 überarbeitete Fassung).* Norderstedt: BoD - Books on Demand.

Kolb, H.-P. (2017d). *Religion, Ökumene und Liebe. Daseinsanalytische Religionsphilosophie (2018 überarbeitete Fassung).* Norderstedt: BoD - Books on Demand.

Kolb, H.-P. (2017e). *Natur und Liebe. Eine teleologische Konzeption der Konstitution und Entwicklung der Natur (2018 überarbeitete Fassung).* Norderstedt: BoD - Books on Demand.

Kolb, H.-P. (2017f). *Liebe und Resonanz. Daseinsanalytische Betrachtungen im Zusammenhang mit Themen der Weltbeziehungen (2018 überarbeitete Fassung).* Norderstedt: BoD - Books on Demand.

Kolb, H.-P. (2017g). *Daseinsanalyse in der Psychotherapie. Liebeserklärungen oder echte und unmittelbare Erfahrung von Liebe? (2018 überarbeitete Fassung).* Norderstedt: BoD - Books on Demand.

Kolb, H.-P. (2020a). *Psychologisch-philosophische Untersuchungen. Für ein liebevolles Verständnis unseres menschlichen Daseins.* Norderstedt: BOD - Books on Demand.

Kolb, H.-P. (2020b). *Die Liebe leben und das Leben lieben. Geschichten aus dem Leben.* Mauritius: Der Trainerverlag.

Kolb, H.-P. (2020c). *Handlungen der Liebe. Wertschätzung, Verbindlichkeit, Versöhnlichkeit.* Norderstedt: BOD - Books on Demand.

Küng, H. (1994). *Das Christentum. Wesen und Geschichte.* München: Piper Verlag GmbH.

Nishida, K. (2011a). Selbstidentität und Kontinuität der Welt. In R. Ohashi (Hrsg.), *Die Philosophie der Kyôto-Schule* (E. Weinmayr, Übers., S. 56 - 114). Freiburg im Breisgau: Verlag Karl Alber in der Verlag Herder GmbH.

Pinker, S. (2011). *Gewalt. Eine neue Geschichte der Menschheit.* Frankfurt am Main: S. Fischer Verlag GmbH.

Rentsch, T. (1999). *Die Konstitution der Moralität: transzendentale Anthropologie und praktische Philosophie.* Frankfurt am Main: Suhrkamp-Taschenbuch Wissenschaft.

Schmitz, H. (2011). *Der Leib.* Berlin/Boston: de Gruyter.

Tanabe, H. (2011). Versuch, die Bedeutung der Logik der Spezies zu klären. In R. Ohashi (Hrsg.), *Die Philosophie der Kyôto-Schule* (J. Laube, Übers., S. 137 - 183). Freiburg im Breisgau: Verlag Karl Alber in der Verlag Herder GmbH.

Wittgenstein, L. (2001). *Philosophische Untersuchungen; Kritisch-genetische Edition.* (J. Schulte, Hrsg.) Frankfurt am Main: Suhrkamp Verlag.